Mujeres con TDAH

UNA GUÍA RADICAL

La información contenida en este libro se basa en las investigaciones y experiencias personales y profesionales del autor y no debe utilizarse como sustituto de una consulta médica. Cualquier intento de diagnóstico o tratamiento deberá realizarse bajo la dirección de un profesional de la salud.
La editorial no aboga por el uso de ningún protocolo de salud en particular, pero cree que la información contenida en este libro debe estar a disposición del público. La editorial y el autor no se hacen responsables de cualquier reacción adversa o consecuencia producidas como resultado de la puesta en práctica de las sugerencias, fórmulas o procedimientos expuestos en este libro. En caso de que el lector tenga alguna pregunta relacionada con la idoneidad de alguno de los procedimientos o tratamientos mencionados, tanto el autor como la editorial recomiendan encarecidamente consultar con un profesional de la salud.

Título original: A Radical Guide for Women with ADHD: Embrace Neurodiversity, Live Boldy, and Break Through Barriers
Traducido del inglés por Elsa Gómez Belastegui
Diseño de portada: Editorial Sirio, S.A.
Maquetación: Toñi F. Castellón

www.editorialsirio.com
sirio@editorialsirio.com

I.S.B.N.: 978-84-10335-71-4
Depósito Legal: MA-1490-2025

Impreso en Imagraf Impresores, S. A.
c/ Nabucco, 14 D - Pol. Alameda
29006 - Málaga

Impreso en España

Puedes seguirnos en Facebook, X, YouTube e Instagram.

SARI SOLDEN & DRA. MICHELLE FRANK

Mujeres con TDAH

UNA GUÍA RADICAL

Abraza la neurodiversidad, vive con audacia y rompe las barreras

EDITORIAL SIRIO

Queremos dedicar este libro a nuestras clientas, que nos conceden el honor de que podamos escuchar sus experiencias y sus sueños y nos inspiran con ellos cada día. Si hoy somos capaces de hablar de cómo vivir una vida valiente, luminosa y audaz como mujeres con TDAH, es en buena parte gracias a ellas.

Índice

Prólogo 11
Nota a nuestras lectoras 15

Primera parte. **Más valiente**

1 Bienvenida a la tribu
Reivindica un mundo de diferencias 23
2 Empieza con valentía
Sé consciente de que tu autoestima está enredada en la maraña de tus dificultades 47
3 Atrévete a descubrir
Averigua de dónde vienen los mensajes dañinos sobre las diferencias 67
4 Comprende por qué te escondes
Investiga las reglas tácitas que imponen cómo debemos comportarnos las mujeres 93

Segunda parte. **Más brillante**

5 Ajusta el brillo
Juega con las posibilidades 127
6 Restaura la plenitud
Avanza hacia una visión auténtica 157
7 Brilla tal como eres
Déjate ver, oír y conocer 187

Tercera parte. **Más audaz**

8 Sé la protagonista de tu vida
Siéntete cómoda siendo el centro de atención ... 219
9 Sé tú misma
Empieza a ser activamente auténtica ... 243
10 Crea un verdadero plan de acción
Integra el TDAH en un nuevo concepto de ti misma y vive a tu manera ... 267

Carta final ... 297
Agradecimientos ... 303
Referencias ... 306
Sobre las autoras ... 309

Prólogo

En 1995, mientras hacía cola para asistir a una de las charlas de la conferencia que había organizado la asociación Children and Adults with Attention Deficit/Hiperactivity Disorder ['niños y adultos con trastorno por déficit de atención/hiperactividad'] (CHADD), me fijé en que la mujer que había delante de mí tenía en las manos un libro titulado *Mujeres con trastornos por déficit de atención*. En un tiempo en el que la comunidad neuropsiquiátrica rechazaba de plano que pudiera diagnosticar TDAH a ninguna niña –no digamos ya a las mujeres–, no podía creerme mi buena suerte. Le dije: «¡Quienquiera que haya escrito ese libro es un genio!», y ella respondió: «Lo he escrito yo». Fue así como conocí a Sari Solden.

Históricamente, TDAH era el nombre que se le había dado al comportamiento incontrolable de los niños hiperactivos de corta edad. Como la mayoría de las niñas (y mujeres) no presentaban esa clase de comportamientos, se entendía que no cumplían los requisitos para el diagnóstico. Tanto es así que, en aquella misma conferencia, un reconocido orador se refirió despectivamente a esas niñas y mujeres como «aspirantes al TDA».

Las mujeres que tenían TDAH vivían como auténticas refugiadas. En primer lugar, se las marginaba porque no se ajustaban a las expectativas sociales determinadas por los roles de género, como la capacidad organizativa o la obediencia. En segundo lugar, se las marginaba porque no cumplían los criterios establecidos en el *Manual diagnóstico y estadístico de los trastornos mentales*. Eran demasiado diferentes como para que se las pudiera incluir en ninguna de las categorías normalizadas, pero no lo bastante diferentes como para merecer una explicación neurológica; así que se las dejaba interpretar como buenamente pudieran sus diferencias, e incluso atribuirlas a causas terroríficas. Muchas de estas mujeres, incomprendidas y desautorizadas, interiorizaban las críticas más mordaces.

Desde nuestro punto de vista actual, está claro que la audacia y la franqueza con que Solden hablaba en su libro cambiaron el panorama del TDAH radicalmente. No creo que sea exagerado decir que sus palabras abrieron la puerta de la cárcel psíquica en la que se aislaba de la sociedad a las mujeres que tenían TDAH. Prueba de ello es que la respuesta fue atronadora: de repente, hubo mujeres de todo el mundo que se sintieron fortalecidas por el simple hecho de saber que no estaban solas y que aquello que les hacía la vida tan difícil tenía nombre. Ahora, Sari Solden y su colaboradora Michelle Frank dan un nuevo paso adelante, y en esta obra animan a las mujeres a reclamar su espacio en el mundo y a hacerse ver, oír y conocer.

Resulta a la vez inquietante e irónico que la propuesta radical que hace este libro sea la autoaceptación. A pesar de que el mundo cambia constantemente, las mujeres hacen siempre lo posible por amoldarse al signo de los tiempos, así que las mujeres con TDAH le imploran a su terapeuta «por favor, hazme normal».

Un mecanismo de supervivencia muy común que utilizan las personas con baja autoestima es crearse un falso yo. Es una realidad desoladora que hay personas que no reciben la comprensión y la aceptación de que goza la mayoría, y que, tras repetidos rechazos, llegan a la conclusión de que no son la clase de persona que la sociedad valora. Recurren entonces a una solución desesperada: diseñar un falso yo que imite a la gente neurotípica y que les permita pasar por «normales».

A primera vista, puede parecer una idea brillante la de ponerse un disfraz. Pero Solden y Frank dejan claro cuál es el precio emocional que pagan las mujeres con TDAH cuando intentan compensar así sus «deficiencias»: viven en un estado de hipervigilancia que las deja extenuadas, y, aun así, la sombra del estigma y la vergüenza camina siempre a su lado. Si una mujer con TDAH consigue mantener sus síntomas a raya al salir al mundo, puede que lo considere un logro y se felicite por ello. Sin embargo, paradójicamente, el que sepa representar tan bien el papel de mujer normal solo significa que es capaz de mantener en secreto sus dificultades y la realidad de su vida, que sigue siendo igual de angustiosa que antes o más. En lugar de pedir comprensión y apoyo, ahora vive con el temor constante de que la inevitable grieta que atraviesa su fachada la delate y todos vean que es una impostora. Pero como dice la canción de Leonard Cohen: «Hay una grieta en todo; es así como entra la luz». Por tanto, esas grietas de la fachada no hay necesidad de arreglarlas: la luz que se filtra por esas rendijas ilumina su radiante y verdadero yo.

Si estás entre los miles de mujeres a las que se ha avergonzado, desacreditado y silenciado, déjate guiar por Sari Solden y Michelle Frank. Son guías implacables pero compasivas y comprenden que, tras décadas de vivir escondiéndote, el miedo te pueda paralizar. Por eso, aunque su propósito es avivar en ti la resiliencia y el coraje, van a hacerlo con mucha paciencia, dándote la oportunidad de comprender desde una perspectiva de amor y compasión cuál es tu papel en el mundo. Rebosantes de empatía, Solden y Frank te ofrecen un oasis donde empezar a desenredarte por dentro y comprender que tu configuración cerebral no define lo que vales como ser humano y como mujer. En este mundo nuestro tan impresionantemente diverso, *Mujeres con TDAH: una guía radical* se atreve a celebrar a cada persona fascinante y única.

–Doctora Ellen B. Littman
Psicóloga clínica con consulta independiente en Nueva York
y coautora de *Understanding Girls with ADHD*
[Entender a las chicas con TDAH]

Nota a nuestras lectoras

Estamos encantadas de hacerte de guías en este apasionante viaje que estás a punto de comenzar. Antes, queremos aclarar brevemente algunos términos y conceptos que encontrarás en el libro.

¡Que disfrutes el viaje!

Unas cuantas nociones básicas sobre el TDAH, ¡para que no te confundas!

Este cuaderno de ejercicios va dirigido a las mujeres que tienen trastorno por déficit de atención con hiperactividad (TDAH) y a las personas que las ayudan y las quieren. Dado que no tenemos forma de incluir aquí todo lo que sabemos sobre el TDAH, contamos con que estés mínimamente familiarizada con la mayoría de sus aspectos básicos. Sin embargo, para que puedas seguir con facilidad la exposición de ciertos aspectos a lo largo del libro, queremos explicar algunos detalles esenciales, entre ellos a qué nos referimos cuando hablamos del TDAH y lo que caracteriza sus diversas presentaciones. Aunque normalmente utilizaremos el término genérico *TDAH*, a veces, cuando sea importante, especificaremos el tipo de presentación.

Sí, en la actualidad se llama TDAH

Existe mucha confusión en torno al nombre y los significantes del TDAH, ya que la denominación diagnóstica en sí ha cambiado varias veces a lo largo de las décadas. En la actualidad, lo correcto es denominarlo trastorno por déficit de atención con hiperactividad (TDAH), que el manual de diagnóstico divide en tres subtipos: presentación predominantemente desatenta, presentación predominantemente hiperactiva/impulsiva y presentación combinada.

Es posible que a veces oigas utilizar indistintamente los términos *TDAH* y *TDA*. Esto se debe a que el trastorno por déficit de atención, o TDA, era el término diagnóstico que aparecía en la edición del manual de diagnóstico de 1980, y todo el mundo se acostumbró a utilizar este nombre. Aunque hay quienes ocasionalmente siguen empleando el término *TDA* para referirse al TDAH sin presencia de hiperactividad, o a la presentación predominantemente desatenta, es una denominación anticuada e incorrecta.

Presentación predominantemente desatenta. Las personas con este tipo de presentación del TDAH tienen sobre todo gran dificultad para ponerse en marcha o decidirse a hacer las cosas (incluso aunque quieran o necesiten hacerlas), son poco organizadas, olvidadizas, se distraen con facilidad, tienen dificultad para regular sus emociones y tendencia a quedarse ensimismadas y perder la noción del tiempo. No son tan propensas a la hiperactividad y la impulsividad como quienes tienen otros subtipos del trastorno; por el contrario, en algunos casos tienden a ser hipoactivas en lugar de hiperactivas.

Presentación predominantemente hiperactiva/impulsiva. Las personas con este subtipo de TDAH tienen una seria tendencia a la hiperactividad. También presentan falta de atención, pero su mayor problema es la hiperactivación y la dificultad para «pisar el freno». A estas personas les cuesta estar quietas, guardar cola y contener el impulso de actuar y de hablar. Las domina el nerviosismo y sienten una necesidad constante de «estar en movimiento» o tienen una sensación interna de inquietud. Su carácter impulsivo hace que a menudo tengan que soportar las consecuencias poco gratas de comportamientos desinhibidos, de comentarios precipitados o de haber tomado decisiones a la ligera. Es más frecuente que esta presentación predominantemente hiperactiva/impulsiva se les diagnostique a los hombres.

Presentación combinada. Las personas con una presentación combinada del TDAH tienen aspectos tanto de la presentación desatenta como de la hiperactiva/impulsiva. Las experiencias que suelen describir las mujeres son similares a las de la presentación desatenta, y van acompañadas de un exceso de locuacidad, una propensión a interrumpir a quien está hablando y a tomar decisiones impulsivas, y a una hiperactividad tanto física como mental.

TDAH y funcionamiento ejecutivo

Lo que la mayoría de la gente sabe sobre el TDAH equivale a un píxel de la fotografía completa. Por lo general, el TDAH no es tanto un déficit de atención como una dificultad para regular diversos aspectos de la cognición, las emociones y el comportamiento. Que alguien tenga TDAH tampoco significa necesariamente que sea hiperactivo. Entonces, ¿qué es?

El TDAH es un síndrome neuroconductual de naturaleza genética (hereditario), de carácter crónico y que provoca en el cerebro diferencias estructurales, químicas, comunicativas y de activación que afectan a su sistema de «funcionamiento ejecutivo».

El doctor Thomas E. Brown lo describe muy acertadamente así:

> Se trata de un complejo síndrome de alteraciones del desarrollo que afectan a la función ejecutiva, es decir, al sistema de autogestión del cerebro, un sistema de operaciones en su mayoría inconscientes. Estas alteraciones son crónicas, variables en función de las circunstancias, e interfieren significativamente en muchos aspectos de la vida cotidiana de la persona (2013, 20).

Las operaciones a las que se refiere Brown se denominan *habilidades de funcionamiento ejecutivo*, que él agrupa en varios bloques: activación e iniciación de tareas; concentración y atención sostenida; regulación de la atención, del esfuerzo y de la velocidad de procesamiento; regulación emocional; memoria de trabajo, y autorregulación de la conducta. Brown ofrece una excelente descripción de estos bloques y de lo que significan para la vida cotidiana de la persona con TDAH en varios de sus libros y artículos, algunos de los cuales se citan en el apartado de referencias al final de este libro, incluido *A New Understanding of ADHD in Children and Adults* [Una nueva comprensión del TDAH en niños y adultos]. Esperamos que consultes sus escritos, si aún no lo has hecho; ¡seguro que te resultarán esclarecedores y tranquilizadores!

En las páginas que siguen, nos *oirás* decir que las dificultades que crea el TDAH se derivan a menudo de una desregulación del sistema de funcionamiento ejecutivo y de las habilidades relacionadas con él. Aunque una descripción detallada de estos términos excede al alcance de este libro, queremos que entiendas que la desregulación de estas funciones del cerebro es la causante de muchas de las dificultades que experimentan las mujeres, y es muy ilustrativa de cómo podrías experimentar tú el TDAH.

¿Y si no me han diagnosticado TDAH pero creo que podría tenerlo?

Si sospechas que podrías tener TDAH, es importante que consultes a un profesional que cuente con experiencia en su diagnóstico y tratamiento. Existe una lista de comprobación gratuita que permite identificar síntomas comunes del TDAH en http://www.add.org. Puedes rellenarla y llevarla a tu primera visita con la psiquiatra, psicóloga, médico, trabajador social clínico o terapeuta, que serían de entrada los profesionales capacitados para diagnosticar el TDAH. A la hora de decidirte por una o uno de ellos, pregúntales si han trabajado con mujeres que tengan TDAH, si han asistido a cursos formativos o conferencias relacionados con este trastorno en los últimos años, y si contemplan esta afección como una desregulación del funcionamiento ejecutivo del cerebro.

¿Estoy sentenciada?

No. El TDAH es una diferencia cerebral que va a acompañarte toda la vida, pero no es una sentencia de muerte. Puedes tener –y tendrás– una vida feliz, sana y plena como mujer con TDAH. Créenos. Estamos a tu lado y vamos a asegurarnos de que sea así. Por eso, vamos a darte algunas ideas que pensamos que te ayudarán, así que ¡continúa leyendo!

Personajes compuestos

Cada relato de este libro está compuesto por las experiencias de distintas mujeres a las que hemos conocido y con las que hemos trabajado a lo largo de los años. Te ofrecemos estos relatos con la esperanza de que, en cada etapa del viaje, descubras puntos de encuentro con esas mujeres. Todos los nombres que se han utilizado son ficticios, y los detalles de cada historia se han alterado y combinado con los de historias similares a fin de proteger la confidencialidad.

Primera parte

Más valiente

Y llegó el día en que era más arriesgado seguir aprisionada dentro del capullo que atreverse a florecer.

–Anaïs Nin

Probablemente entiendas a qué nos referimos al decir que tener TDAH puede causarte la sensación de que hay algo maravilloso en tu interior, esperando a florecer, y que lo único que lo impide es no saber cómo librarte de todo aquello que te frena. Es posible que te hayas ido escondiendo más y más, y hayas tratado con todas tus fuerzas de aprender a superar los obstáculos y a procesar el dolor, la confusión y el sentimiento de insuficiencia que trae consigo vivir con TDAH. Puede que una y otra vez hayas intentado «repararte», confiando en que ser más como alguna otra persona –alguien que no tuviera TDAH– te daría libertad, y solo has descubierto que era una quimera pensar que podías deshacerte de todo lo problemático que hay en ti sin aniquilar también el esplendor que te hace ser quien eres, o sin que eso supusiera vivir agotadoramente detrás de una fachada.

Si has elegido este libro, es probable que ahora estés lista para abandonar ese constante forcejeo y poner tu energía en algo nuevo y audaz. Porque, como probablemente habrás descubierto, llega un momento en que sacrificar lo que eres –lo que sabes que eres y lo que más profundamente anhelas ser– es más doloroso que afrontar el miedo a abrirte y dejar que te vean, te escuchen y te conozcan tal como eres. Así que deja de esperar: este momento es tan bueno como cualquier otro. Es hora de arriesgarte a florecer. Empecemos... ¡Con valentía!

Capítulo 1

Bienvenida a la tribu

Reivindica un mundo de diferencias

Nuestro libro se titula *Mujeres con TDAH: una guía radical* porque la idea simple pero radical que presenta es que una mujer con TDAH, en lugar de intentar cambiar y *repararse*, puede simplemente aprender a ser ella misma. Esta guía no es radical porque proponga estrategias, remedios herbales o dietas fuera de lo común, ni porque descarte los tratamientos que convencionalmente han resultado efectivos para atenuar los problemas de origen neurobiológico que causa el TDAH. Queremos dejar claro que este libro no está en contra ni de la medicación ni de las estrategias.

Este es un libro sobre el TDAH, pero la verdad es que no trata entera o exclusivamente sobre el TDAH. Trata sobre mucho más. En esencia, el propósito de esta guía es ayudarte a ser quien realmente eres y a valorarlo, peculiaridades incluidas. Por esta razón, nuestro enfoque pone el énfasis en aceptar las diferencias cerebrales y reconoce que ayudar a las mujeres con TDAH es una empresa increíblemente compleja y llena de matices.

La forma en que se acostumbra a patologizar y comparar a las personas que presentan diferencias neurobiológicas es similar a la que se les aplica a las personas que presentan diferencias más visibles; es decir, a unas y otras se las juzga tomando como referencia la constitución física o el comportamiento de la mayoría. El concepto de *neurodiversidad* que propuso Thomas Armstrong en 2010 ofrece una perspectiva mucho más sana y expansiva de aquellos que tienen diferencias neurobiológicas, una perspectiva desde la que se celebra su condición y se les intenta comprender, en lugar de considerarlos inferiores. «En lugar de pretender que en algún lugar, oculto en un sótano, hay un cerebro perfectamente *normal* con el que el resto de los cerebros deben ser comparados, hemos de admitir que no existe un cerebro estándar, así como no existe una flor estándar, o un grupo cultural o racial estándar, y que, de hecho, *la diversidad entre cerebros es tan maravillosamente enriquecedora como la biodiversidad y la diversidad entre culturas y razas*» (p. 16).

Para ayudar a nuestras clientas a aceptar su neurodivergencia tras años de pelearse con sus particulares problemas de origen neurobiológico, las guiamos a través de un proceso de *desenredo* en el que acaban por hacer las paces con quienes son en esencia bajo las capas de vergüenza, estigma y confusión. Hemos tenido ocasión de observar los cambios tan emocionantes que tienen lugar en ese proceso a medida que las mujeres con TDAH, que hasta entonces se habían contentado con sobrevivir, van rompiendo las barreras culturales, las barreras internas y de relación, y empiezan a vivir con audacia, dejando salir a las mujeres competentes y poderosas que son, mujeres con un cerebro, unas capacidades y unas dificultades característicamente suyos.

Mejor juntas

No eres una extraterrestre en este planeta, ni una extraña en esta vida tuya. Formas parte de una comunidad de mujeres extraordinarias, compañeras afines en el viaje a través de una vida con TDAH, más rica en maravillas y caos de lo que crees que puedes soportar. (Aunque sin duda puedes soportarlo, ¡ya lo haces y lo has hecho hasta ahora!). Y en esta comunidad, te resultará tranquilizador escuchar las experiencias de las demás.

Profesionalmente somos psicoterapeutas, pero también somos mujeres con TDAH, y el viaje que estás a punto de comenzar es el nuestro también. A lo largo de los años, hemos tenido el privilegio y el placer de acompañar y guiar a mujeres de todo el mundo en este apasionante proceso de descubrimiento. Recuerda que no estás sola en esta fascinante aventura.

Hace falta coraje para seguir adelante cuando no tienes muy claro hacia dónde deberías dirigirte. Sabemos bien lo que es eso. Pero por insegura que una se sienta, llega un momento en que lo único que tiene sentido es aceptar sus diferencias y dificultades y tomar plena posesión de sus dones, su talento y las cualidades que la hacen ser quien es. Para esto hay que trabajar, hay que luchar por ello.

Las mujeres que estamos condicionadas por las misteriosas e invisibles diferencias que trae consigo el TDAH necesitamos una especial valentía para mantener viva la chispa y empezar a abrirnos, lenta pero inexorablemente, hasta dejar por completo de ocultar quiénes somos y florecer.

Probablemente habrá habido momentos en los que el TDAH te ha hecho desistir de dejar que te conozcan, de decir lo que piensas o de mostrar quién eres. La verdad es que el proceso de atreverte a vivir plenamente como mujer con TDAH tiene que ver no solo con este trastorno, sino también con cómo percibes y expresas tu auténtico yo como mujer con diferencias invisibles, que se traducen en desafíos y dificultades que la gente no puede percibir desde fuera.

La opinión que tienes de ti y de tus dificultades derivadas del TDAH está profundamente condicionada por los mensajes que a lo largo del tiempo has ido interiorizando. Poco a poco, esos mensajes sociales sobre lo que significa ser diferente, y sobre las consecuencias implícitas de estar excluida de la mayoría *neurotípica*,* o como queramos llamarla, han ido esculpiendo la imagen que tienes de ti y de cómo eres. Tanto es así que, todavía hoy, esos sistemas de creencias son los que dan forma a tus experiencias internas y externas. Por eso es muy importante comprender cómo nos relacionamos con la idea de la *diferencia*, dado que ese es el mundo que habitamos las mujeres con TDAH: un mundo muy diferente.

Redefinamos el tratamiento para el TDAH

Tratar el TDAH es una tarea compleja por la siguiente razón: hasta que no seas capaz de identificar, aceptar y respetar plenamente tus diferencias, no estarás de verdad en condiciones de comprometerte seriamente con el proceso de cambio. Hasta entonces, será como estar en la ladera de una montaña librando una batalla contra una parte de ti que neutraliza todos tus esfuerzos desde la cima; es decir, una batalla que no podrás ganar. Sin embargo, como decía otro psicoterapeuta, el psicólogo Carl R. Rogers, «paradójicamente, cuando me acepto como soy, puedo modificarme» (Rogers 2011, 27).

* N. de las A.: *Neurotípico* es un término que se utiliza cada vez más en entornos clínicos y escolares para describir a los individuos que se consideran neurológicamente «típicos» o sin diferencias de naturaleza cerebral como el TDAH, el trastorno del espectro autista, alguna discapacidad de aprendizaje u otras dificultades neurológicas o del neurodesarrollo similares. Por el contrario, los individuos con TDAH se considerarían *neuroatípicos* o *neurodivergentes*. Estos términos no son descriptores médicos o psicológicos absolutos, y no contienen ningún tipo de juicio de valor o sobre la forma «correcta» de estar en el mundo; simplemente sirven para diferenciar entre individuos que se encuentran dentro del rango medio de funcionamiento en la mayoría de las áreas e individuos que demuestran dificultades de naturaleza cerebral más variables.

Los estudios han revelado sistemáticamente que el TDAH es un trastorno hereditario crónico que responde a diferencias estructurales y químicas del cerebro y de las áreas que intervienen en la comunicación, y esas diferencias –especialmente las relacionadas con lo que se conoce como *funciones ejecutivas*– afectan a su vez a la cognición, las emociones y el comportamiento.

Thomas E. Brown utiliza la metáfora de una orquesta sinfónica para describir cómo dirige el sistema cerebral de funcionamiento ejecutivo las funciones cognitivas:

> Imaginemos una orquesta sinfónica en la que cada músico toca muy bien su instrumento. Pero si no hay un director que organice la orquesta y que dé la señal para que empiecen a tocar juntos, que indique la entrada a los instrumentos de viento, o que disminuyan el volumen a los instrumentos de cuerda, o que haga que todos coincidan en la interpretación global de la música, la orquesta no producirá una música de calidad. Los síntomas del TDAH son comparables al deterioro que sufriría, no alguno de los músicos, sino el director de la orquesta (2006, 10).

Las funciones ejecutivas del cerebro pueden determinar que seas capaz o no de activarte y empezar una tarea, mantener la concentración una vez que la has empezado y poder continuar con ella cuando tu energía o tu interés decaen. ¡Y eso es solo el principio! Si quieres comprender mejor la función ejecutiva del cerebro, te recomendamos que consultes la extensa lista de recursos que encontrarás en la página web de este libro: http://www.newharbinger.com/32617 (en inglés).

Cuando comprendemos el funcionamiento ejecutivo, empezamos a darnos cuenta de que la dificultad para organizar, coordinar, priorizar, mantener un ritmo, gestionar el tiempo y recordar detalles puede chocar con nuestro «concepto del trabajo» e influir negativamente en la opinión que nos formamos de nosotras mismas y de nuestras dificultades (Solden 2005, 58-59).

El objetivo verdaderamente «radical» del tratamiento

Observa por unos instantes lo que has pensado hasta ahora sobre el hecho de tener TDAH, lo que te han dicho y lo que has entendido que eran los objetivos del tratamiento.

¿Y si te pidiésemos que cambiaras tu forma de entender el tratamiento para el TDAH? ¿Y si un cambio en la manera de plantearte los objetivos del tratamiento y de relacionarte contigo misma como mujer con TDAH fuera la clave para que el tratamiento surta efecto, surta efecto de verdad? ¿Estarías dispuesta a hacer la prueba?

Nosotras creemos que el objetivo del tratamiento para el TDAH no debería ser que superes, cambies fundamentalmente o modifiques en ningún sentido quién eres, sino que puedas dirigirte hacia tus esperanzas y tus sueños, profundizar en tu relación con tu auténtico yo y utilizar tus puntos fuertes y tu voz para crear espacios y relaciones que te satisfagan.

> ***¿Y si el objetivo del tratamiento no fuera cambiar quién eres, sino que puedas acceder más plenamente a quien eres de verdad?***

¿Y si el objetivo del tratamiento no fuera cambiar quién eres, sino que puedas acceder más plenamente a quien eres de verdad?

Te pedimos que te plantees la posibilidad de aceptarte a ti misma y aceptar tus dificultades. No con resignación y pasividad, sino como paso necesario para iniciar un proceso de cambio real y satisfactorio que te permita conectar y que dé un nuevo sentido a tu vida.

Existen actualmente cantidad de estupendas estrategias para solucionar las dificultades que conlleva el TDAH, y te recomendamos encarecidamente que las utilices. ¡Lo que no queremos es que esperes a estar perfectamente organizada para empezar a tener una vida sustancial! La medicación, la terapia, el *coaching* y otra clase de tratamientos y recursos deben ayudarte a ser *más* tú misma, no menos. Este es el objetivo último de cualquier tratamiento. Las estrategias y las técnicas organizativas deberían hacerte la vida más fácil y calmar tu agitación interior, pero no deberías concebirlas como maneras de reparar una «mercancía dañada» o de convertirte en alguien que no eres.

Sabemos, sin la menor duda, que un elemento esencial del proceso de cambio es que la persona con TDAH afronte la vergüenza. De hecho, gran número de eminentes profesionales e investigadores del TDAH han empezado a destacar la importancia que tiene este trabajo interior profundo para el éxito del tratamiento (Hinshaw 2018; Hallowell y Dodson 2018). Aquí tendrás ocasión de conocer con detalle esta innovadora forma de tratar el TDAH.

Hasta que hagas las paces con la idea de las diferencias y te sientas cómoda con el TDAH, te pasarás la vida fingiendo, intentando agradar, escondiéndote y sintiendo vergüenza. Dependiendo de cuáles fueran tus experiencias a edad temprana, puede que te lleve bastante tiempo estar en condiciones de cambiar las ideas que tienes sobre este trastorno. Solo recuerda una cosa: da igual qué medicación tomes o qué nuevo y maravilloso sistema organizativo utilices; mientras tu objetivo sea cambiar quién eres, no va a pasar nada.

Lo que sigue es la primera de las muchas «preguntas para la reflexión» que encontrarás a lo largo de este cuaderno de trabajo. Si necesitas más espacio para escribir y desarrollar tus ideas, puedes utilizar un cuaderno aparte y llevar un diario.

Reflexión: Objetivos del tratamiento

¿Qué te viene a la mente de inmediato al pensar en el tratamiento para el TDAH?

____

____

Piensa en cómo influiría en tu vida que algunos de tus objetivos fueran:

- Avanzar hacia mis sueños y esperanzas
- Profundizar en mi relación conmigo misma
- Utilizar mis puntos fuertes
- Hacer uso de mi voz
- Crear espacios que me faciliten la vida
- Establecer relaciones satisfactorias y de reciprocidad
- Poder acceder más plenamente a quien soy

Solamente los electrodomésticos y los muebles necesitan arreglo

Muchas mujeres con TDAH tienen la profunda esperanza de que unas pocas sesiones de terapia las «arreglarán». Cuanto antes, mejor.

Vivimos en una cultura que intenta dar soluciones rápidas a cualquier problema. Tolerar la incertidumbre de un proceso que se desarrolla con lentitud no es fácil para nadie, y agradable para muy pocos. Pero la realidad es que tú no eres un problema que haya que resolver.

No vamos a ofrecerte una solución rápida y definitiva, porque nosotras, incluso en los momentos de mayor dificultad causados por el TDAH, vemos oportunidades, no déficit. Tranquila, es natural que tengas esos pensamientos, miedos y preguntas. Para poder avanzar, no hace falta que el TDAH te parezca un «regalo». Tal vez te lleve tiempo asimilar que no necesitas que te arreglen. Y tal vez te inquiete que nosotras, las autoras, tengamos la intención de quitar importancia al esfuerzo continuo que supone vivir con TDAH. No es así.

Nosotras, como profesionales clínicas y como mujeres con TDAH, sabemos bien lo difícil que es. Y hemos visto, también, que confabularnos con el deseo de reparar fundamentalmente nuestra vida, nuestro cerebro y quiénes somos es el mayor impedimento para poder encontrar la paz y la alegría que tanto deseamos. Tener como objetivo «repararnos» y «reemplazar» lo que no toleramos de nosotras puede, de hecho, sabotear por completo cualquier intento de aprender a relacionarnos mejor con los síntomas del TDAH. Por consiguiente, aunque al principio notes cierta resistencia, te pedimos que confíes en nosotras cuando te decimos que nunca surte efecto intentar «repararse». Te pedimos que consideres la posibilidad de dejar de esforzarte tanto. ¿Por qué no pruebas a abandonar la lucha? (¡Tranquila, podrás volver a ella si es lo que quieres!, pero te aseguramos que no la vas a echar de menos). ¿Qué te impide hacer la prueba? No tienes mucho que perder, como no sea la vergüenza, la duda y la autocrítica implacable.

Acabamos de llegar al primero de los muchos ejercicios de descubrimiento que encontrarás en estas páginas y que presentan ejemplos de experiencias comunes a las mujeres que viven con

TDAH. Muchos de los ejercicios incluyen indicaciones o sugerencias que te ayudarán a ponerte en marcha; algunos incluso van acompañados de ejercicios de reflexión que te pedirán que expandas el pensamiento aún más. Tómate la libertad de escribir cualquier pensamiento o sentimiento que surja.

Descubrimiento: ¿Ya hemos llegado?

Las mujeres con TDAH suelen plantearle a su terapeuta distintas versiones de las siguientes preguntas. ¿Te sientes identificada con alguna de ellas? Si es así, márcala y observa cuáles son tus reacciones.

- ☐ «¿Es muy grave, doctor?»
- ☐ «¿Puede ayudarme a aprender estrategias para ser como otras mujeres?»
- ☐ «¿Cuántas sesiones necesito para recuperarme de esto?»
- ☐ «¿Me ayudará la terapia a ser más organizada/más productiva/menos olvidadiza?»
- ☐ «¿Cómo me repongo de esta singularidad irreversible?»

De todos modos, ¿qué tiene de malo ser diferente?

Antes de profundizar más, es importante que sepas qué has interiorizado exactamente sobre lo que significa *ser diferente*.

Muchos de los mensajes y creencias limitantes que hemos recibido las mujeres con TDAH, y que yacen en lo más profundo de nuestra psique, provienen de las primeras experiencias que tuvimos de *ser diferentes* y de cómo percibieron esa diferencia las personas cuya opinión más nos importaba. Muy a menudo, esos mensajes son en gran parte la razón de los enredos que nos mantienen atrapadas bajo capas de vergüenza, culpa, miedo y, en general, el sentimiento de no estar a la altura de lo que se esperaría de nosotras. Para poder investigar esos enredos, debemos tener presente lo que ocurre dentro de los sistemas (relaciones, comunidades, grupos...) cuando una persona o un grupo de personas se atreve a ser diferente o a revelar sus diferencias.

La experiencia de Kim: Las diferencias perturban el orden familiar

Cuando en el instituto Kim tenía dificultad para adaptarse al sistema tradicional de educación, su padre y su madre, que querían que siguiera sus pasos y un día se dedicara a la medicina, le decían: «Solo tienes que aplicarte y esforzarte más». Cuando les comunicó que lo que de verdad quería era estudiar historia, sus padres contestaron: «No digas tonterías», y le dieron la espalda sin mirarla siquiera. En el caso de Kim, expresar un deseo diferente se interpretó como algo extraño, amenazador e inaceptable. Esos «pequeños» mensajes tienen mucho poder.

En el caso de muchas de nosotras, apartarnos de la norma ha supuesto, en algún momento al menos, un obstáculo. Por regla general, todos los sistemas se resisten al cambio, dado que los miembros del grupo se sienten cómodos con «la forma en que siempre se han hecho las cosas»; es a lo que están acostumbrados, y les da igual que esa forma de hacer haya podido ser siempre incluso dañina. Esta resistencia del grupo a cualquier divergencia o cambio es una especie de mecanismo inconsciente de supervivencia, sea razonable o no, sea justo y beneficioso o no.

Este cuaderno de trabajo se propone mucho más que ayudarte a ser organizada. Va a ayudarte a que aprendas a:

- Separar tu identidad esencial de tus dificultades de origen neurobiológico
- No permitir que te menosprecien
- Ser una persona que se siente completa dentro de su piel, su cerebro y su vida
- Relacionarte y comunicarte sin por eso dejar de protegerte
- Aceptar las dificultades derivadas del TDAH e interesarte por ellas, para que puedas tener más dominio sobre tus síntomas
- Encontrar formas de darte a ti misma, en lugar de quedarte vacía dándolo todo

Para que puedas vivir cómodamente con el TDAH en lugar de luchar contra él, tienes que tomar conciencia de algunos miedos y creencias que hay profundamente enterrados en ti sobre lo que significa ser una mujer con una forma diferente de estar en el mundo. Dado que muchos de ellos son casi imperceptibles, veamos qué aprendiste en tus primeros años de vida sobre lo que significa expresar algún tipo de diferencia.

La experiencia de Brianna: ¡No seas tan egocéntrica!

Brianna tenía veintisiete años y recordaba muchos mensajes y desprecios relacionados con los aspectos visibles e invisibles de su identidad como mujer de color con TDAH. Esos mensajes la hacían sentirse marginada, deslegitimaban sus necesidades y derechos y conseguían silenciar su voz. Incluso dentro de su familia, donde todos los miembros habían conseguido destacar en sus profesiones, Brianna captaba en cada comentario el mensaje de que ya iba siendo hora de que dejara de querer llamar la atención, de que las dificultades había que superarlas, no recrearse en ellas. Sus profesores, que se daban cuenta de lo inteligente que era, se negaban a «mimarla» y repetir, por ejemplo, las instrucciones de los ejercicios o ser comprensivos con algunas peticiones razonables que ellas les hacía.

Los mensajes que Brianna recibió desde niña –mensajes como: «Todo el mundo tiene dificultades, así que enfréntate a las tuyas sola y en silencio», «Lo que tú necesites no es una prioridad para nadie; lo que digas no tiene ningún valor» o «¿Qué te hace pensar que mereces recibir un trato especial?»– seguían haciéndole la vida aún más difícil.

***Descubrimiento:* Expresar diferencias**

De la siguiente lista, marca cualquier adjetivo que pueda completar la frase de un modo que te suene familiar, o añade los que a ti se te ocurran.

De niña, aprendí que expresar diferencias era...

- ☐ peligroso
- ☐ blasfemo
- ☐ amenazador
- ☐ de mala educación
- ☐ perverso
- ☐ irrespetuoso
- ☐ inútil

- ☐ alienante
- ☐ vergonzoso
- ☐ Otros: ____________________

O...

- ☐ respetado
- ☐ alentado
- ☐ creativo e independiente
- ☐ bueno
- ☐ afianzador
- ☐ esencial
- ☐ liberador
- ☐ Otros: ____________________

Reflexión: Expresar diferencias

Retrocede en el tiempo y deja que te venga a la mente lo que aprendiste en tu infancia y tu adolescencia sobre los peligros de expresar diferencias.

____

____

____

____

Al pensar en el concepto de diferencia –visible o invisible, tuya o de otras personas–, ¿qué sentimientos o pensamientos afloran?

Al echar la vista atrás, ¿en qué ves que te diferenciaras de tu familia, ya sean cosas importantes o pequeños detalles?

¿En qué medida se aplaudían o toleraban tus diferencias?

¿Qué comentarios oías sobre las diferencias de los demás –visibles o invisibles– en tu familia, el colegio o tu cultura en general?

¿Se te animaba a decir lo que pensabas o estaba mal visto que destacaras del resto? ¿Qué efecto tenía esto en ti? ¿En qué sentidos podría estar influyéndote en la actualidad?

____

____

____

____

De dónde vienen las ideas sobre las diferencias

Las diferencias no tienen nada de malo; son algo precioso. Sin embargo, pueden representar una amenaza para las rígidas estructuras de los modelos y roles sociales y de las jerarquías de poder. Cuando las normas del grupo fomentan el miedo a las diferencias, esas creencias se transmiten insidiosamente en las comunidades y las familias de generación en generación. Y para liberarse de esas invisibles cadenas de miedo, se necesita mucha introspección, conciencia, valentía y firmeza.

Todas y todos estamos inextricablemente ligados a nuestros contextos sociales, familiares e históricos. Si piensas en algún mensaje que te haya llegado de tu madre, por ejemplo, quizá seas capaz de identificar rápidamente de dónde sacó ella esa idea. Tal vez de su propia madre, que a su vez la sacó de las experiencias que vivió su familia: de discriminación racial, de privilegio o escasez, o de persecución religiosa; tal vez flotara en el ambiente la sombra de oscuros secretos familiares, o el trauma de generaciones de alcoholismo, o el simple deseo de no ser menos que otras familias.

Reflexión: Experiencias generacionales

¿Te han venido a la mente pensamientos sobre tu familia? Toma nota de ellos brevemente a continuación.

____

____

____

____

Las expectativas sociales se transmiten de forma sistémica y multigeneracional en culturas, comunidades y familias, reforzadas por las instituciones públicas y sus normas. Aunque, miradas objetivamente, algunas de ellas nos parezcan ahora ridículas, quizá podamos empezar a entender de dónde provienen, y podamos averiguar también en qué medida siguen operando en nuestro interior e influyendo en cómo nos vemos a nosotras mismas a causa de nuestras diferencias y dificultades. Por ejemplo, en el caso de Brianna, comprender cómo nació su mentalidad de «apáñatelas tú sola, esfuérzate más» la ayudó a reconocer cuándo empezaba a agotarse y necesitaba pedir ayuda.

Aceptar el TDAH

Es probable que hayas oído hablar del proceso de «asumir» el TDAH después de recibir el diagnóstico. Puede que, por haberlo vivido o haber leído sobre ello, estés familiarizada con las sucesivas etapas del «ciclo de duelo» que atraviesa comúnmente cualquiera que tenga que aceptar una situación de cambio drástico en su vida (Kübler-Ross 1969). El proceso de duelo en el que se suceden la negativa a aceptar los hechos, la ira, los avances y retrocesos, la depresión y la aceptación final es sin duda aplicable a lo que viven las personas adultas tras recibir el diagnóstico de TDAH (Solden 2005).

En la práctica, no obstante, hemos visto que a menudo se desestima la palabra *aceptación*, y por tanto la etapa que la acompaña se difumina y pierde su poder de centrar y fortalecer a la persona, lo que supone un problema para las mujeres que intentan conseguir la integración con la que sueñan.

El término *aceptación* tiene muy diversos matices, por lo cual en ocasiones se utiliza con un sentido muy superficial, y una se dice a sí misma, por ejemplo: «¡Acéptalo de una vez!», lo que significa que el auténtico proceso de aceptación se interrumpe mucho antes de haberse completado. En otras ocasiones, *aceptar* se entiende con el sentido de «dar por bueno», lo cual provoca una reacción y una se dice a sí misma: «No te resignes, esfuérzate más».

Así que he aquí una pregunta: ¿te has estado resistiendo al proceso de aceptar de verdad que vives con TDAH?

No te aferres a la idea del «solo necesito esforzarme más. ¿Cómo demonios voy a aceptar *esto* que me hace la vida tan difícil?». Queremos que consideres que la mentalidad del esforzarse más es contraproducente. El TDAH forma parte de ti. Naciste con él y morirás con él. Sé sincera. ¿Te ha servido de mucho hasta ahora despreciarlo y luchar contra él? ¿Cuánto tiempo más de tu vida quieres pasar luchando contra una parte de ti, odiándola incluso? ¿Qué te ha aportado realmente esta ciega determinación a no ceder? ¿Te ha acercado a donde quieres estar?

Descubrimiento: Tu actitud ante la aceptación

Antes de entrar en detalles, conviene que descubras cómo percibes tú en estos momentos el proceso de aceptación. ¿Crees que *aceptar* es sinónimo de alguno de los siguientes conceptos? Marca los que te parezca.

- ☐ Resignación
- ☐ Debilidad
- ☐ Rendirse
- ☐ Ser pasiva
- ☐ Admitir el fracaso
- ☐ Rebajarte
- ☐ Otros: ______________________________

Luchar contra una parte de tu experiencia es como intentar salir de las arenas movedizas a puñetazos. Cuanto más te revuelves, más te hundes. Dejar de pelearte con lo que te angustia, y aceptarlo, tiene resultados más eficaces y duraderos que intentar deshacerse de la angustia. Cuanto más nos esforzamos por eludir aquello que nos produce malestar, más probabilidades tenemos de seguir padeciendo ese preciso malestar (Hayes, Strosahl y Wilson 2016).

El concepto de aceptación es complejo. Más allá del nivel de aceptación básico, existe algo llamado *aceptación radical*. En su libro *Aceptación radical*, Tara Brach escribe:

> La aceptación radical es un antídoto necesario contra los años que hemos pasado descuidándonos, contra los años que hemos pasado juzgándonos y tratándonos con dureza, contra los años de rechazar

> las vivencias del momento. La aceptación radical es la disposición a vivirnos a nosotros mismos y a vivir nuestra vida tal y como somos y tal y como es (2013, 4).

La aceptación no es pasiva, y no es resignación; es una elección continua de respetarte a ti misma y mostrar respeto hacia tus circunstancias, sea cual sea la forma en que se presenten en cada momento. De hecho, no es necesario que te gusten demasiado (o que te gusten siquiera) para «aceptarlas radicalmente». Desde la valentía de honrarte a ti misma, puedes emprender nuevas acciones cimentadas en la fuerza, la autonomía y un cuidadoso discernimiento de tus auténticas y particulares necesidades y deseos.

En resumen, la aceptación es la plataforma sobre la que es posible construir el cambio. Como dijo tan elocuentemente la autora Cheryl Strayed (2015): «La aceptación es un espacio pequeño y silencioso». También es el comienzo de cada paso significativo que damos, teniendo en cuenta que todas y todos –sí, todos los seres humanos– tendremos que enfrentarnos a la adversidad y encontrar la forma de abrirnos paso en algún momento de nuestra vida, convivamos con el TDAH o no.

Reflexión: Tu actitud ante la aceptación

¿Qué significa para ti *aceptación*, especialmente en referencia a vivir con TDAH?

____

____

____

¿Qué miedos afloran en ti cuando piensas en la aceptación?

¿Qué te aporta la férrea determinación a esforzarte más? ¿Podría haber otras vías por las que lograr los mismos objetivos o la misma capacidad de funcionamiento?

Aceptarte significa saber plenamente quién eres –todo lo que eres– y utilizar esa comprensión para construir una vida enriquecedora y satisfactoria, lo que quiera que esto signifique para ti.

La experiencia de Paula: Aceptación realista

Para Paula, aceptarse plenamente ha significado que, aunque siga costándole organizar su casa, su tiempo y sus tareas (a pesar de la medicación y las estrategias), ahora puede poner de verdad la atención en la escritura, que le aporta una gran paz. Sus escritos tienen mucho éxito y le dan la satisfacción de ayudar e inspirar con ellos a las lectoras de su blog. ¿Sigue viendo amontonarse las facturas sobre su escritorio, tiene el interior del coche desordenado y el buzón de correo electrónico lleno de mensajes que esperan respuesta, recibe periódicamente reclamaciones del seguro médico, sigue sin conseguir enviar a tiempo las tarjetas de cumpleaños…? Sí, sí y sí. Pero eso ocurriría de todos modos, y tendría que encontrar la manera de ocuparse de ello, incluso aunque no hubiera tomado la decisión de dedicar cierta cantidad de su tiempo y de su vida a hacer lo que se la da verdaderamente bien.

> *Ahora, cuando Paula dirige finalmente la atención a la lista de tareas pendientes, sigue apoderándose de ella el estrés asociado al TDAH, pero se siente esencialmente mucho mejor consigo misma. Estar haciendo algo que de verdad la llena que y le aporta una profunda tranquilidad, da un nuevo sentido a su vida, la hace valorarse y la ayuda a percibir las dificultades que trae consigo el TDAH desde una perspectiva menos crítica, por lo que le resulta más fácil buscar el tipo de ayuda que necesita en cada momento. Paula ha dejado de pelearse con el TDAH y de reprenderse constantemente por no ser capaz de atender a todo, lo cual supone una gran diferencia, que repercute muy favorablemente en su bienestar y su funcionamiento diario.*

En pocas palabras: la mala noticia es que no puedes «repararte». La buena es que no lo necesitas (¡en serio!).

Conclusiones útiles sobre el TDAH que podemos sacar de este capítulo

- La vergüenza que sienten muchas mujeres a causa del TDAH suele estar relacionada con los mensajes que recibieron en su infancia sobre lo que significa ser una persona con diferencias.

- En algún momento de su vida, las mujeres con TDAH tienen que comenzar el proceso de aceptar sus diferencias.

- Este es un proceso que requiere trabajo, y es más un desarrollo gradual que una decisión repentina.

- Aceptación no significa resignación. Significa dejar de juzgarte y encontrar en ti un lugar desde el que respetarte e integrar la realidad de quien eres. Esto, a su vez, te libera y te permite afrontar tu vida y tus dificultades con fuerza y compasión.

Capítulo 2

Empieza con valentía

Sé consciente de que tu autoestima está enredada en la maraña de tus dificultades

El primer paso para deshacer la maraña entre el TDAH y nuestra identidad esencial es tomar conciencia de nuestras singulares experiencias vitales. Para poder darnos cuenta de que la valoración que hacemos de nosotras mismas ha acabado por enmarañarse con nuestras dificultades de origen neurobiológico, tenemos que examinar con detalle nuestro pasado y la imagen de nosotras que nos hemos formado. Esto requiere valentía y fe en que lo que descubramos será beneficioso. Al fin y al cabo, «la valentía no es la ausencia de miedo, sino la convicción de que hay algo más importante que el miedo» (Redmoon 1991).

El miedo es una bestia hambrienta. Es hora de dejar de alimentarla.

El miedo es un feroz oponente a nuestra calidad de vida: compite con nuestro bienestar. Aunque quizá no podamos dejar de sentir miedo al fracaso o a que nos «descubran», sí podemos dejar de darle al miedo el poder de paralizarnos. No ganamos la batalla negando que tenemos miedo, sino negándonos a alimentarlo. Es más productivo hacer las paces con su existencia.

Una forma sencilla de conceptualizar esto es concebir el miedo como un pasajero molesto en un hermoso viaje en tren a través del país. Podemos disfrutar del pintoresco paisaje de suaves colinas que aparece al otro lado de la ventanilla, de la gente que conocemos durante el viaje, de la emoción de llegar a lugares que siempre hemos deseado visitar y, *al mismo tiempo*, permitir que ese otro pasajero molesto e irritante que a veces nos importuna ocupe su asiento en algún otro vagón. O podemos decidir: *No voy a ir a ningún lado mientras ese impertinente pasajero esté en el mismo tren que yo.* Si nos inclinamos por esta opción, sin duda evitaremos lo desagradable (el miedo), ¡pero nos perderemos también el viaje! (Hayes, Strosahl y Wilson 2016). Con demasiada frecuencia, le damos al miedo el poder de quitarnos la alegría.

Cómo desenredar tu esencia de la maraña de tus dificultades

El secreto para vivir satisfactoriamente con el TDAH está, por un lado, en desprenderte de las falsas creencias que tienes sobre ti misma y, por otro, en incorporar herramientas y estrategias.

La parte más difícil en el viaje hacia la plenitud es neutralizar el efecto virulento de los insidiosos mensajes de vergüenza y estigma que, como mujer con diferencias invisibles, has recibido e interiorizado a lo largo de tu vida y que tanto daño te han hecho. El secreto para vivir satisfactoriamente con el TDAH está, por un lado, en desprenderte de las falsas creencias que tienes sobre ti misma y, por otro, en incorporar herramientas y estrategias. Esto es lo que debes comprender por encima de todo, ya que el vínculo que asocia tu autovaloración a tus dificultades es mucho más discapacitante de lo que podría llegar a ser cualquier síntoma de inatención.

Muchas mujeres con TDAH, incluso aquellas que somos competentes en una diversidad de sentidos, nos sentimos pese a todo constreñidas por la vergüenza que nos causa nuestra peculiar configuración cerebral. Tal vez sientas como si estuvieras atrapada en una red que te ata a un limitante concepto de ti misma en relación con el mundo. Tal vez te preguntes si las cosas pueden ser distintas. La respuesta es *sí*, ¡claro! Por supuesto que puedes sentirte poderosa y orgullosa siendo una mujer con TDAH. Para ello, debes empezar por reconocer y desenmarañar esa intrincada red de vergüenza y ocultación, que distorsiona cómo te percibes a ti misma y te impide tomar posesión de tu preciosa naturaleza. Entonces podrás recorrer con seguridad y confianza el camino que auténticamente más te conviene.

Sobrevivir con valentía: la vida antes de deshacer la maraña

Cuando el TDAH no se diagnostica, no se trata, no se encauza o se malinterpreta, las dificultades asociadas a esta diferencia cerebral son abrumadoras. Muchas nos sentimos constantemente con el agua al cuello y a duras penas conseguimos mantenernos a flote.

Durante las primeras etapas de tu vida, antes de que se te diagnosticara el TDAH, es probable que te agobiaras al tratar de hacer cualquier cosa mientras los síntomas descontrolados iban haciendo su aparición, y reinaba una perspectiva de las cosas distorsionada por el TDAH, y las explosiones emocionales lo dominaban todo; es probable que cada día fuera como una lucha constante por apagar un incendio. Y es difícil que una pueda sentirse orgullosa y dueña de sí misma cuando está crónicamente agotada, tanto física como emocionalmente.

En esta etapa del viaje, lo habitual es asumir que las diferencias propias del TDAH y los comportamientos resultantes son defectos del carácter. En lugar de percibir los síntomas simplemente por lo que son, las dificultades relacionadas con este trastorno pueden malinterpretarse fácilmente como una u otra versión del relato común basado en la vergüenza: «Soy un desastre». Durante esta etapa, es posible que cada mañana se pusiera automáticamente en marcha dentro de tu cabeza una voz crítica, y en ocasiones incluso cruel, que te acompañaba el día entero mientras experimentabas una diversidad de emociones intensas y desasosegantes.

Cada vez que intentamos explicarle a alguien lo problemático que nos resulta vivir, solemos encontrarnos con una respuesta desoladora: a veces se nos juzga por lo que decimos y a veces se le quita importancia, lo cual invalida nuestra experiencia y nos hace sentirnos más derrotadas aún. Por si fuera poco, las palabras enjuiciadoras o desdeñosas de esa persona alimentan nuestro autodestructivo diálogo interno, y se crea así un ciclo de negatividad que va solidificando en lo más profundo de nosotras toda clase de convicciones limitantes sobre quiénes somos. Poco a poco, los pensamientos negativos crean una lente a través de la cual percibimos el mundo; lo vemos todo teñido del color de nuestras experiencias y convicciones, y en ningún momento nos planteamos que esas percepciones puedan estar distorsionadas por nuestra perspectiva incapacitante.

Como tendemos a buscar elementos que confirmen aquello que creemos, cada vez que los encontramos se van acumulando las supuestas «evidencias». Vivir temiendo a cada momento el rechazo y las críticas acaba por hacer que, efectivamente, nuestras predicciones se cumplan; pero, antes, establecemos mecanismos de defensa para intentar evitarlo. ¿Alguna vez has dejado de relacionarte con tus amigos, te has pasado una semana entera viendo vídeos, te has lanzado en misión de rescate y has vaciado los armarios de la cocina hasta la última miga de galleta, o te has visto pasar de la copa de vino a la botella entera? Aunque estas estrategias de supervivencia cumplen una función autoprotectora, te absorben toda la energía, lo cual te impide adoptar patrones de pensamiento y de conducta más prácticos, que te aporten algo sustancial y te hagan más llevadera la vida con TDAH.

Descubrimiento: ¿Sobrevives con valentía?

Exploremos un poco más la etapa de «supervivencia» para ver dónde te encuentras ahora mismo. La siguiente lista incluye las descripciones más comunes que hacen las mujeres con TDAH de cómo se sienten en este momento del viaje. Mira a ver con cuáles te sientes identificada y tómate la libertad de ampliarlas si lo deseas.

- ☐ Todo me da vueltas
- ☐ Mareada, desorientada
- ☐ Vivo en el caos
- ☐ Crónicamente estresada, agotada
- ☐ Abrumada
- ☐ Me estoy volviendo loca
- ☐ Aguantando a duras penas
- ☐ Embarullada, atrapada
- ☐ Perdida
- ☐ En una interminable montaña rusa
- ☐ Luchando por mantenerme a flote, me ahogo

- ☐ Incapaz de seguir el ritmo por más que me esfuerce
- ☐ Sola, incomprendida
- ☐ ____________________
- ☐ ____________________
- ☐ ____________________

Descubre cuáles son tus creencias

Si no sabes cuál es la causa de tus dificultades –es decir, si no las has identificado aún como síntomas del TDAH–, es posible que a duras penas consigas sobrevivir al día a día. En ese caso, es comprensible que vivas con aprensión y tengas una opinión negativa de ti misma. Si a esto le sumas los mensajes que tal vez recibes directamente u oyes sobre otras personas («Siempre llegas tarde», «Solo piensa en ella»), tendrás todos los ingredientes necesarios para entrar en una espiral descendente. Es probable que en este momento no te sientas lo que se dice valerosa. Sin embargo, la realidad es que hace falta mucha valentía para ponerse en pie cada mañana y, en medio de las dificultades provocadas por el TDAH, ocuparse del día a día con perseverancia, sacando fuerzas de donde sea. Por tanto, incluso en esta fase inicial de supervivencia, la valentía está presente.

¿Qué te dices realmente a ti misma?

El lenguaje es una parte definitoria de la experiencia humana y una herramienta que el cerebro utiliza para dar sentido a las cosas. La forma en que nos hablamos interiormente, y en que hablamos de nosotras, determina en buena medida cómo nos relacionamos con los demás, con el mundo y con nosotras mismas. Así pues, dado que las personas adultas con TDAH suelen mantener un diálogo interno más negativo que las que no se encuentran en estas circunstancias, es importante que estés muy atenta a cómo te hablas a ti misma (Mitchell *et al.* 2013).

Es posible que hayas adoptado una u otra versión del habitual conjunto de miedos, convicciones y prejuicios que acostumbran a traducirse en el discurso interior que escuchamos a diario dentro de la cabeza. Y es posible que, si hay pensamientos que se han vuelto automáticos y te cruzan la mente de seguido, te arrastren y te impidan ser del todo consciente de ellos. Aunque con el tiempo y la práctica esos pensamientos se pueden redirigir, antes tenemos que ser capaces de reconocerlos cuando aparecen, para lo cual debemos empezar por observarlos con desapego, es decir, sin juzgarlos. (¡A veces incluso nos juzgamos a nosotras mismas por juzgarnos por habernos juzgado! ¿Sabes de lo que hablo?).

***Descubrimiento:* Inventario de comentarios internos**

En la lista que aparece a continuación hemos agrupado los comentarios negativos más generales y exagerados que suelen hacerse las mujeres con TDAH. Son afirmaciones referidas no solo a la experiencia de vivir con una serie de diferencias invisibles, sino a la percepción global que una mujer puede tener de sí misma.

Marca los pensamientos con los que te sientas identificada. Cuando llegues al final de la lista, repasa los que hayas marcado y pon una estrella al lado de los tres que sean más frecuentes en ti. Procura hacer este ejercicio con la mayor sinceridad y compasión... ¡y sin juzgarte! Recuerda en todo momento que estos comentarios forman parte de tu discurso mental negativo, ¡no dicen nada sobre la verdad de quien eres!

- ☐ No sé qué me pasa, no soy normal.
- ☐ Soy una persona defectuosa y necesito que me arreglen.
- ☐ No sé si alguna vez podré tener la vida que quiero.
- ☐ Nunca podré hacer realidad mi potencial.
- ☐ Soy inaceptable tal como soy.
- ☐ Soy un desastre.
- ☐ No puedo dejar que la gente vea lo que soy realmente.
- ☐ Debe de ser que estoy loca.
- ☐ No soy capaz de hacer ni las cosas más simples que cualquiera sabe hacer.
- ☐ Soy una decepción, un fracaso.
- ☐ Soy una vaga.
- ☐ Soy una carga para los demás.
- ☐ Soy una irresponsable.
- ☐ No sé ser una persona adulta.
- ☐ Estoy sola.
- ☐ Soy una impostora, un fraude.
- ☐ Soy despreciable.
- ☐ Soy más de lo que cualquiera es capaz de aguantar.
- ☐ No valgo para nada.

Reflexión: Examina tu discurso interior

Es posible que, después de leer estos ejemplos de comentarios, te hayan venido a la mente otros que sean más habituales en ti. Si es así, anótalos aquí debajo y obsérvalos con más detalle.

____

____

¿En qué momentos suelen aparecer estos pensamientos?

____

____

¿Qué situaciones son las que principalmente los desencadenan?

____

____

Cuando tienes estos pensamientos y sientes que son verdad, ¿qué notas en el cuerpo?

____

____

¿Qué tres dificultades derivadas del TDAH suelen ser los mayores detonantes de un discurso interno negativo?

____

____

Describe o dibuja una situación que, cada vez que piensas en ella, te hace sentirte humillada, asustada, o te hace querer esconderte.

¿Qué tiene esta situación que la hace particularmente dolorosa?

____

____

La tríada de la identidad

Algo que debes comprender es que, inevitablemente, el TDAH afecta a tu sentido de identidad en estas tres áreas:

- Tu percepción esencial de ti misma
- Lo que sientes respecto a la forma en que funciona tu mente
- Tu relación con el mundo

Cuando pasamos la infancia, la adolescencia y la juventud sin saber nada sobre el TDAH ni apreciar nuestras diferencias y cualidades, poco a poco nuestro sentido de identidad, la relación que tenemos con nuestro peculiar cerebro y las relaciones que establecemos con los demás se van enredando entre sí formando un maraña. Cuanto más se enredan estas tres áreas, más se multiplica la vergüenza, hasta convertirse en un largo y pesado nudo de secretismo y autolimitación.

Y, a la inversa: cuanto más desenmarañamos estos tres aspectos de nuestra identidad (el yo esencial, el cerebro y el mundo), más fácil es reducir el poder de la vergüenza y sustituirla por seguridad en nosotras mismas y un sentimiento más fuerte y pleno del yo que somos esencialmente.

Dado que es muy difícil que puedas desenredar una maraña que no ves y que no sabrías explicar, empezaremos por examinar la interacción entre la percepción que tienes de ti misma, lo que sientes respecto a la forma en que funciona tu mente, y la forma en que te relacionas con los demás.

Tu yo esencial

Al hablar de tu *sentido de identidad esencial*, nos referimos a la composición única y matizada de todo lo que eres: todas las cualidades, peculiaridades y experiencias. El TDAH es, sin duda, una parte de tu esencia, al igual que lo son tus intereses, creencias, valores, dificultades, aptitudes, experiencias de vida y roles sociales. Todo esto eres tú integralmente: tu yo global.

El sentido o noción o percepción de quien esencialmente eres está en el centro de todo. Tu yo esencial, tu auténtico yo, es la verdad de quien eres como ser humano complejo que hace todo lo posible por dar lo mejor de sí. Tu misión –si decides aceptarla– es establecer, con compasión y compromiso, una relación de aceptación radical y amor incondicional con tu yo esencial. (O, seamos realistas, tener esta relación contigo misma la mayoría de los días. Pero, oye, ¡no pierdes nada por apuntar a lo más alto!).

Tú y tu cerebro

La segunda hebra entrelazada en tu identidad de mujer con TDAH es precisamente la parte asociada a él: tu singular configuración neurológica. Esto se manifiesta en la relación que tienes con tu cerebro, y concretamente en cómo percibes tus puntos fuertes y débiles y cómo respondes a tus necesidades particulares. Aquí es donde las técnicas y estrategias son inmensamente útiles siempre que se apliquen sin vergüenza, juicios o expectativas inalcanzables. Este viaje te ayudará a despojarte de las capas de juicios y vergüenza para que, con sinceridad, rapidez y compasión, puedas identificar, valorar y emprender acciones de apoyo a las necesidades derivadas del peculiar funcionamiento ejecutivo de tu cerebro. Y esto puede conseguirse con bastante facilidad una vez que te liberas y desenredas el legado emocional de vivir con TDAH.

Tú y el mundo

Vivir con TDAH puede ser muy duro, y sus dificultades inherentes contienen las semillas tanto de la autorrealización como de la autolimitación. La restricción suele producirse cuando las experiencias que vivimos como mujeres con diferencias invisibles están marcadas por la vergüenza, el miedo y el secretismo provocado por el estigma. Y la situación puede agravarse aún más si a esto se suman otras diferencias, visibles o invisibles, y la presión social para que nos ajustemos a unas expectativas de género que no nos sentimos, o no somos, capaces de cumplir.

Para llegar al fondo de los mensajes que has interiorizado a lo largo de los años sobre lo que significa ser una mujer con diferencias invisibles, debes dar un salto de fe y creer en que la posibilidad de vivir una vida fuerte y auténtica, una vida en la que te sientas orgullosa de ser tú, es más importante que el dolor que pueda provocarte lo que descubras. Cuando sepas que esto es lo más importante, el miedo al dolor ya no te seguirá frenando.

Cómo se forma la maraña

Para ilustrar cómo se forma la tríada de la identidad, tomemos un obstáculo común al que se enfrentan muchas mujeres con TDAH: la desorganización. Podemos rastrear esta dificultad característica del TDAH y ver cómo se ha ido enredando con la identidad esencial de una mujer.

Enredo n.º 1: el bucle de la vergüenza

Es posible que la desorganización sea una realidad en tu vida. Sin embargo, no tiene por qué definir tu vida entera. A menudo los problemas residen en la maraña en sí. Si el tuyo es un caso de desorganización crónica, puede que, al menos en ciertas situaciones, tu dificultad se traduzca automáticamente en autocrítica o vergüenza.

Muchas mujeres con TDAH están tan acostumbradas a este bucle autocrítico y vergonzante que rara vez son conscientes de él, y se sorprenden por la frecuencia y automaticidad de sus juicios negativos y su autodestructivo discurso interno.

Supongamos que tu configuración cerebral te hace ser desorganizada. ¿Traduces automáticamente la simple descripción de una dificultad de origen neurobiológico (en este caso, la desorganización) en una conclusión crítica acerca de toda tú como persona? O tal vez te avergüenzas de ti misma, lo que significa que conviertes algo externo en una dolorosa creencia interna sobre quién eres.

En este caso, «tengo el escritorio/la cocina/el coche (¡lo que sea!) desordenado» se convierte en «¡SOY UN DESASTRE!», lo cual fácilmente se convierte a su vez en «¡NO VALGO PARA NADA!».

Puede que seas muy consciente de estos pensamientos automáticos. Sin embargo, de lo que quizá no seas consciente es de que estas autodeclaraciones instantáneas pueden adueñarse de tu más profundo sentido de valía y mermar tu capacidad para actuar eficazmente con compasión e intención en el momento presente. De hecho, este ciclo te incapacita aún más para afrontar los síntomas del TDAH (Ramsay 2017). Puede hacer que te sientas abrumada, te cierres, te escondas o te vuelvas incluso una perfeccionista, que es una receta infalible para el agotamiento. Tu autocrítica interior puede llevarte, una y otra vez, al «esfuérzate más por hacerlo como la gente neurotípica», en lugar de reflexionar con compasión y libertad sobre lo que es real y específicamente adecuado para ti, sobre qué aceptar y de qué desentenderte, y sobre en qué necesitas ayuda. Con el tiempo, estos enredos se acumulan y amenazan tu autopercepción.

Enredo nº 2: el bucle del aislamiento y la ocultación

Tu relación con los demás y con el mundo sufrirá inevitablemente los efectos de pensamientos como *No valgo nada*. Esta clase de mensajes internos influyen en cómo dejas que te trate la gente, en cómo les hablas y cómo permites que te hablen a ti, y en cómo te relacionas con el mundo en general. Algunas mujeres se van aislando poco a poco y acaban por esconderse del todo a causa de la vergüenza que les da ser desordenadas (o tener cualquier otra dificultad derivada del TDAH), que va calando en ellas hasta convertirse en una conclusión que aplican a la totalidad de quienes son como personas: «¿Cómo me va a valorar nadie, si no tengo nada que aportar? Soy un caso perdido». Estas creencias ilustran el poder tan enorme que tienen nuestros pensamientos y lo rápido que pueden afectar a nuestra forma de interactuar con el mundo y con nosotras mismas. Lo que ha ocurrido aquí es que el *soy desordenada* se ha enredado formando una maraña con tus ideas sobre las relaciones y ha adquirido un nuevo significado muy poco beneficioso:

> *Tengo el escritorio/la cocina/el coche desordenado porque soy un desastre, lo cual significa que soy un desastre, y lo mejor es que me aleje de todo el mundo.*

He aquí una lista de otras versiones frecuentes de esta creencia. Tal vez alguna de ellas te suene familiar. Ten en cuenta que estas creencias operan a veces por debajo del nivel de percepción consciente. Precisamente por eso, es posible que lleguen a arraigar en ti hasta tal punto que parezca que forman parte de ti, y ni se te ocurre cuestionarlas.

Tengo el escritorio/la cocina/el coche desordenado, por tanto:
No valgo para nada.

Es comprensible que no me respeten.
Soy una carga excesiva y nadie me va a aguantar, así que ¿para qué intentarlo?
No puedo ser yo cuando estoy con la gente.
No merezco tener relaciones de intimidad, apoyo mutuo y afecto.

Si tus creencias más arraigadas sobre el TDAH y sobre ti son negativas, percibes el mundo como un lugar más negativo, rechazador y hostil de lo que realmente es (Rucklidge *et al.* 2000). En este caso, lo más probable es que esperes obtener siempre resultados negativos y te escondas para proteger tu vulnerabilidad, esa vulnerabilidad que es precisamente lo que conecta de verdad a las personas.

Reflexión: Describe tu cerebro

Constantemente describimos nuestro cuerpo, pero rara vez pensamos en cómo describiríamos nuestro cerebro y la experiencia de vivir dentro de él.

¿Cómo terminarías la siguiente oración? Para que te hagas una idea, quizá podrías utilizar palabras como *lento*, *rápido*, *complicado*, *caótico*, *interesante*, *poco convencional*, *frustrante*, *soñador*, *complejo*, *fascinante*...

Mi cerebro es:

____

____

¿Has respondido desde el miedo y la duda, o desde la claridad y la compasión? Observa, sin juzgarte, qué palabras te han venido de inmediato a la mente. Puedes añadir ahora, si quieres, algunos otros adjetivos que expresen la persona dinámica, compleja y llena de matices que eres.

La experiencia de Jean: Atrapada y enredada

Jean estaba en crisis: se sentía atrapada y deprimida. Había volcado toda su energía en ser esposa y madre durante tres décadas. Ahora que sus hijos se habían abierto camino en el mundo y su marido se había jubilado, le pareció que había llegado el momento de pensar, por una vez, en sí misma.

A los cincuenta años, le diagnosticaron TDAH. Hasta entonces, Jean siempre había asumido que era tonta e invisible por su dificultad para ocuparse de cosas diversas, una dificultad que, sin saberlo, era de origen neurobiológico. Durante todo ese tiempo, había dejado sus sueños en suspenso porque la idea de dedicarse a sus aficiones, además de atender a todas las responsabilidades de la vida cotidiana, le resultaba abrumadora. Con ayuda profesional, Jean pudo profundizar en sí misma e identificar los mensajes autodestructivos que había interiorizado a lo largo de los años y el discurso que se repetía en su mente a diario: «Soy idiota, no sé hacer nada bien». La narrativa de que era tonta le sonaba de lo más familiar; estaba en ella desde que, siendo niña, tenía dificultades en el colegio. «Me engaño a mí misma si creo que voy a aprender algo en las clases de español –le decía su crítica interior–. ¡Pero si se me olvida hasta recoger la ropa de la tintorería!». Jean empezó a darse cuenta de que a su crítica interior no se le escapaba ni una.

Pero en otros momentos, cuando estaba más tranquila, Jean sabía que no era idiota, aunque hubiera cosas que le costaba hacer. Al ir prestando más y más atención a lo que se decía a sí misma, e ir viendo de dónde provenía ese discurso, su crítica interior fue perdiendo credibilidad como portavoz de verdades. Entonces, Jean tuvo la posibilidad de formarse poco a poco una idea más amable y matizada de quién era. Esto, a su vez, la hizo sentirse más segura, y se planteó en serio inscribirse en el curso de español. A medida que se fue alejando del relato negativo sobre sus dificultades, pudo emprender nuevas actividades y acercarse a la gente, lo cual enriqueció su vida.

Reflexión: La experiencia de Jean

¿Con qué pensamientos, sentimientos o experiencias de Jean te has sentido identificada?

____

____

____

____

____

____

Conclusiones útiles sobre el TDAH que podemos sacar de este capítulo

- El TDAH es un síndrome hereditario de origen neurobiológico que provoca dificultades en las habilidades de funcionamiento ejecutivo.

- Tu sentido de identidad puede salir muy perjudicado cuando las dificultades derivadas del TDAH se enredan con la percepción global de ti misma y ciertas creencias sobre tu carácter formando una maraña difícil de deshacer.

- La autocrítica interior y las creencias limitantes sobre quién eres afectan además a tus relaciones y a cómo percibes el mundo y te desenvuelves en él.

- El proceso de deshacer esa maraña te va dando espacio para reescribir la narrativa sobre quién eres: una mujer con TDAH completa y valiosa. Una mujer excepcional.

Capítulo 3

Atrévete a descubrir

Averigua de dónde vienen los mensajes dañinos sobre las diferencias

Las mujeres con TDAH tenemos desde pequeñas la sensación muy clara de que somos diferentes. Esto se agrava en el caso de las mujeres de color, o de aquellas que tienen alguna discapacidad o diferencia física, o un bajo nivel socioeconómico, o se identifican como LGBTQ, o se enfrentan cada día a la opresión y a una diversidad de obstáculos a causa de otra clase de diferencias, visibles o invisibles.

De niñas, aprendimos qué comportamientos y formas de pensar, de aprender y de trabajar estaban mejor considerados en nuestra cultura; cuáles eran aceptables, o al menos tolerables, y cuáles estaban mal vistos. Estas preferencias se nos hacen saber por diferentes vías: están implícitas en los mensajes que nos transmiten los medios de comunicación y en las políticas públicas, en el funcionamiento interno de las instituciones y en las conversaciones que mantenemos en el aula desde que empezamos a ir al colegio.

Por contraste con esos mensajes que nos llegan a través de los distintos canales, las mujeres con TDAH nos vamos dando cuenta desde niñas de que nuestra forma de pensar, de trabajar, de hablar, de relacionarnos y de actuar no coincide con la forma preferente de estar en el mundo. En pocas palabras, nos damos cuenta de que cualquier diferencia se considera algo defectuoso y, como sabemos que somos diferentes, muchas llegamos a la conclusión de que somos defectuosas nosotras también. La psicóloga Carol Gilligan (1993, xviii) escribió, haciendo referencia a las primeras lecciones que reciben las niñas: «En una sociedad obsesionada con la normalidad, la diferencia se interpreta como desviación, y la desviación como pecado».

Es una tarea compleja diseccionar los mensajes de poca ayuda, desdeñosos y vergonzantes que recibimos las mujeres con TDAH sobre nuestras diferencias, dado que tienen infinidad de matices e influyen en ellos innumerables factores. El lenguaje que oímos utilizar, los mensajes culturales que nos llegan y nuestras propias experiencias nos van moldeando, no solo en la superficie, sino que el efecto se extiende a la esencia de quienes somos, a veces para bien y a veces para mal. Por eso es tan importante hacer el trabajo personal de identificar nuestros prejuicios y creencias, para poder evaluarlos y redefinir en qué creemos.

Sin pasar por un proceso de autodescubrimiento, corremos el riesgo de enturbiar aún más las aguas cuando se nos presenta la oportunidad de corregir cualquier mensaje negativo o confuso referido a nosotras mismas o a los demás. Gloria Steinem (1970) lo expresó inmejorablemente al decir que «el primer paso que tenemos que dar todas y todos no es aprender, sino desaprender». Este es el reto que asumimos al embarcarnos en el proceso de desenredar la maraña.

Diferencias invisibles y mensajes interiorizados

Hay cuatro vías principales por las que puedes haber recibido los mensajes destructivos que has interiorizado:

- Mensajes contra ti
- Mensajes contra «ella»
- Mensajes simplistas
- Mensajes asimilados

Estas lecciones que «aprendiste» te afectan seriamente hasta que eres capaz de reemplazarlas por nuevas reflexiones positivas, y más acertadas, sobre quién eres realmente, aunque tus dificultades y diferencias sigan siendo las que son.

Mensajes contra ti

Los *mensajes contra ti* (como se explican en referencia a las mujeres con TDAH en Solden 2005, 73-74) son ataques directos que, como niña o como mujer, te llegan de una o más fuentes a causa de tus dificultades. Puede que hayas recibido esta clase de mensajes negativos de algunos miembros de tu familia, de tus amigas, de tus profesores o de tus compañeras de clase. Tal vez te dijeran cosas como: «Lo que te pasa es que eres una perezosa», «Eres demasiado sensible», «No te esfuerzas lo suficiente», «Eres un desastre» o «La vida te iría mejor si te tomaras las cosas en serio». Esta clase de mensajes son los más fáciles de identificar, y pueden hacerte sentir como si te dieran un puñetazo en las tripas.

Los mensajes contra ti son producto de una falta de comprensión sobre tu carácter, o de malinterpretarlo, o de confundir tu carácter con el comportamiento que provoca en ti tu particular configuración cerebral. Generalmente, las personas importantes que hay en tu vida no tienen ni idea de que ese comportamiento tuyo que las desconcierta pueda tener otra explicación. Su opinión de ti viene de tan lejos, y está tan arraigada en ti, que para cuando se te ofrece (si es que llega a ofrecérsete alguna vez) otra perspectiva desde la que contemplarte (es decir, ¡un diagnóstico acertado!), es posible que ya no estés dispuesta a cambiar tu concepto de ti misma. Tanto es así que tal vez incluso pienses que el diagnóstico o la explicación son «solo una excusa».

He aquí algunos ejemplos de experiencias habituales que hemos visto en nuestras clientas. Quizá te sientas identificada con alguno de ellos:

> El padre de Sandra le pregunta una y otra vez: «¿Por qué tienes que ir siempre tan desaliñada cuando vamos a algún sitio importante? No hacen falta más que unos minutos para arreglarse y estar presentable».
>
> El profesor de una adolescente comenta: «El mundo no te va a facilitar las cosas cada vez que te cueste hacer algo».
>
> La profesora de una estudiante universitaria desestima su petición de que se le apliquen ciertas adaptaciones académicas que habían sido aprobadas por el departamento de discapacidad y comenta con indiferencia: «¡Eres inteligente! No necesitas adaptaciones, solo necesitas ser más disciplinada».
>
> A Heather se le olvida siempre guardar la leche en el frigorífico y cerrar las puertas de los armarios de la cocina y los cajones de los cubiertos. No es consciente de ello. Su marido, que la mira desde la perspectiva de alguien que no tiene problemas de funcionamiento ejecutivo, le dice que solo hay una conclusión a la que puede llegar sobre su comportamiento: que es «una desconsiderada, una malcriada o una inmadura».

Descubrimiento: Los mensajes contra ti

Reflexiona sobre los efectos que esta clase de mensajes directos pueden haber tenido en tu sentido de identidad, en la relación con tus diferencias debidas al TDAH y en tu relación con la gente.

Es probable que hayas recibido muchos «mensajes contra ti» a lo largo de los años. ¿Reconoces alguno de los siguientes?

- ☐ «Eres una egoísta y parece que la familia no te importe».
- ☐ «Con tanto potencial como tienes, ¿qué ha pasado?».
- ☐ «¡Tienes tanto que ofrecer!, bastaría con que ______ ______________________________».
- ☐ «Eres una vaga y una irresponsable».
- ☐ «Da la impresión de que ni siquiera intentas hacer las cosas de otra manera o poner algo de tu parte para que las cosas funcionen. ¡Siempre igual, esperando que los demás sean comprensivos contigo!».
- ☐ «Tus amigos no van a querer estar contigo si eres siempre tan caótica».
- ☐ «¿Qué crees que va a pasar si llegas tarde a una entrevista de trabajo o a una cita? Pues que pensarán que eres una irresponsable».
- ☐ «¡¿Pero a ti qué demonios te pasa?!».

¿Qué mensajes contra ti han sido los más persistentes o los que más te ha dolido oír?

____

____

¿Cómo te afectan en la actualidad esos mensajes?

____

____

____

____

Para que te ayude a descubrir de dónde podrían venir algunas partes de tu discurso interior, escribe a continuación los recuerdos que tengas de «mensajes contra ti» que hayas recibido en el pasado. Este ejercicio te hará darte cuenta de lo despiadados y contraproducentes que son los mensajes que interiorizamos a lo largo de los años.

- De tu familia ____________________________
  ____
- De tus profesoras y profesores ________________
  ____
- De tus amigas y amigos ______________________
  ____
- De tu comunidad religiosa ____________________
  ____
- De tus colegas, jefes y jefas, compañeros y compañeras de trabajo ____________________________
  ____
- De tus compañeras o compañeros de piso ________
  ____

- De tus parejas ______________________________
____
- De tus compañeras y compañeros de clase u otras actividades ______________________________
____
- De tus vecinas y vecinos o gente de tu pueblo o de tu barrio ______________________________
____
- De otras personas ______________________________
____

Mensajes contra «ella»

Los *mensajes contra ella* (Solden 2005, 74-75) son comentarios que hace la gente sobre mujeres que tienen dificultades o diferencias similares a las tuyas, mientras tú te esfuerzas por mantener las tuyas en secreto. No son comentarios que se hagan directamente contra ti, sino cotilleos sobre el físico, el comportamiento o las incapacidades de alguna otra mujer.

A pesar del carácter no explícito de estos mensajes, tú oyes la insinuación que hay latente en ellos con absoluta claridad: indirectamente, se te está diciendo que tus particulares tendencias son inaceptables y peligrosas. Incluso aunque consigas «pasar por normal» y ocultar tus diferencias, y esto te mantenga superficialmente a salvo, experimentas de todos modos los efectos de los mensajes de rechazo que has ido interiorizando y que se han grabado en lo más profundo de ti. La ansiedad y el estrés que ese rechazo te causa se van acumulando, y te incapacitan para mostrarte auténticamente como eres o recibir la ayuda que podría hacerte más fácil vivir con las dificultades derivadas del TDAH.

Así que, a través de la comunicación indirecta, te enteras de lo que es socialmente preferible o aceptable, y esta información se suma a la de los mensajes directos contra ti. Además, incluso aunque los comentarios que oyes no estén relacionados con tus dificultades o tu conducta concretas, es muy posible que te hagan ponerte en guardia y preguntarte: *¿Qué pensarán de mí?... Yo también tomo medicación; ¿saldrían conmigo si lo supieran?... ¿Y si supieran cómo tengo la cocina?* De esta forma tan sutil, los grupos sociales vigilan los límites del comportamiento aceptable, y aprendes que tendrás que pagar un precio por ser tú misma en el mundo.

Escuchamos esta clase de comentarios con nerviosismo y por lo general decimos muy poco, o no participamos en absoluto en la conversación por miedo a que nos descubran. Estas declaraciones pueden ocurrir incluso en momentos en los que intentamos brindar apoyo a un amigo o ser querido que está frustrado con una relación con otra persona. En ese momento nos encontramos atrapadas entre intentar ser solidarias y el miedo y la incomodidad debidos a que sus críticas también podrían encajar respecto a nosotras mismas. O a veces los comentarios ni siquiera vienen de alguien cercano, sino que se los oímos por casualidad a la persona que está al lado; pero aunque no tengamos ninguna relación con esa persona, nos sentimos igual de dolidas que si alguien que nos importa estuviera hablando así de un comportamiento nuestro. Lo mismo que cuando la gente oye un chiste racista o misógino y no dice nada, puede que tampoco nosotras actuemos con integridad. Puede que ante la oportunidad de expresar lo que de verdad sentimos, nos quedemos calladas porque el dolor y el miedo nos paralizan. En esos momentos, es posible que una sienta que se está traicionando a sí misma y está traicionando a otra gente también.

He aquí dos breves ejemplos de cómo experimentaron esto dos mujeres distintas.

La experiencia de Kylie: Miedo a que me descubran

Kylie, una joven que intentaba encajar con su nueva familia política, iba con miedo a las reuniones familiares por los «mensajes contra ella» que oía siempre. «Cada vez que alguna de mis cuñadas salía de la sala –cuenta Kylie–, alguien hacía algún comentario sobre ella, como que no era capaz de tener la boca cerrada o que estaba haciendo algo mal. Me daba la impresión de que siempre las criticaban por cosas que yo también hacía, así que me daba pavor que mi familia política viniera a nuestra casa. Cuando ocurría, me esforzaba para que todo diera una imagen "perfecta" y acababa agotada».

Descubrimiento: **Miedo a que me descubran**

He aquí algunos ejemplos de comentarios que puedes haber oído sobre otras mujeres, y que indirectamente comunicaban algún juicio sobre comportamientos similares a los de quienes tienen TDAH. Marca los que te suenen y añade otros que hayas oído.

- ☐ «¡Y yo que estaba convencido de que esta chica había puesto orden en su vida!».
- ☐ «¡Te apuesto lo que quieras a que a Nicole se le va a olvidar!».
- ☐ «¡Está desperdiciando su potencial!».

- ☐ «¡Tiene el despacho tan desordenado que me altera los nervios!».
- ☐ «No me puedo creer que a Daniella se le haya olvidado traer un regalo. Parece que no le importe nadie».
- ☐ «No te molestes en llegar puntual, ella siempre llega tarde».
- ☐ «Amanda nunca contesta a mis mensajes ni me devuelve las llamadas, así que no sé para qué me molesto en ponerme en contacto con ella. Hay gente que solo piensa en sí misma».
- ☐ «Entiéndeme, Susie me cae muy bien, pero ¿cómo va a ser dentista, si se queda dormida en clase todos los días?».

La experiencia de Donna: No te arriesgues

En el trabajo, Donna hacía todo lo posible por tener organizado su escritorio, pero le costaba tal esfuerzo que acababa por no poder prestar atención a las cosas importantes. Sus compañeros, que no sabían que tuviera ese problema, cuando pasaban por delante de su zona de trabajo solían hacerle algún comentario en tono de burla sobre otra compañera, Wanda, que tenía el escritorio cubierto de papeles revueltos y latas de refresco vacías. Al oír esos comentarios, Donna se sentía una impostora. Tenía la sensación de estar traicionando a Wanda cada vez que se quedaba callada y, en vez de mencionar lo creativa que era su compañera y lo mucho que aportaba al equipo, optaba por seguir a salvo y cambiaba de tema o se escabullía con cualquier excusa. Por aquellos comentarios, Donna se estaba enterando de lo que le espera a una mujer si la gente se da cuenta de sus dificultades.

Reflexión: ¿Qué has oído?

¿Qué mensajes «contra ella» has oído a lo largo de los años?

____

____

____

____

¿Cuáles de esos mensajes han afectado más a tu percepción de ti misma, tu relación con las diferencias derivadas del TDAH y tus relaciones con los demás?

____

____

____

____

____

____

Mensajes simplistas

La tercera vía por la que las mujeres con TDAH adquirimos una visión negativa de nosotras mismas son los mensajes simplistas. (Nota a las lectoras: Conviene leer esto con tono sarcástico).

Estos mensajes se nos comunican en forma de sugerencias, como por ejemplo:

- «¿Has pensado en hacer una lista de tareas?».
- «¿Has probado a poner un temporizador?».
- «¿Por qué no usas un calendario?».

Obviamente, no es que estas sugerencias sean malintencionadas, o perjudiciales para la persona que las oye; lo único que pasa es que, tristemente, quien las hace demuestra no tener ni idea de la situación a la que se enfrentan a diario las mujeres con TDAH. Cuando alguien nos hace alguna de estas sugerencias como si fuera «la solución obvia», no solo no da en el blanco y no nos ayuda, sino que nos comunica además lo mucho que subestima la dificultad, la complejidad o la gravedad del problema que tengamos en ese momento.

Al oír esta clase de consejos, por bienintencionados que sean, solemos sentirnos incomprendidas e incluso menospreciadas. ¡Claro que has pensado en todas esas cosas! ¡Probablemente has probado esas «ideas geniales» un millón de veces!

Esta clase de consejos superficiales, aunque se den con la mejor intención, llevan implícita la idea de que no estamos haciendo todo lo que está en nuestra mano, o de que no somos lo bastante inteligentes como para darnos cuenta de cuál es la solución obvia a un problema «sencillo». Además, encubiertamente nos comunican que esa persona desconfía de que seamos capaces de encontrar soluciones nosotras solas. Por todas estas razones, esta clase de consejos suelen quitarnos autoridad, ya que indirectamente nos dicen: «No lo estás haciendo bien». Y lo que las mujeres queremos es que nos escuchen y nos crean, no que intenten cambiar lo que sentimos o cómo vivimos nuestra situación.

Es posible que cada vez que te has arriesgado a revelar tus dificultades –tratando de conectar, o de que te comprendan, o de recibir ayuda– te hayas encontrado con respuestas simplistas que no solo desdeñan tu experiencia, sino que te apremian a arreglar esas dificultades o encontrarles solución. Y es posible que cada vez te hayas sentido más desmoralizada y con menos ganas de hacer el esfuerzo de abrirte y mostrarte como eres. Si todas las sugerencias que oyes, por bienintencionadas que sean, te transmiten el mensaje de que no se aceptan tus diferencias, puede que acabes por creer que nadie entiende nada; puede que sientas que estás sola con tu situación, que le parece inaceptable al mundo que te rodea, y por tanto llegues a la conclusión de que es inútil que te molestes en explicarle a nadie la complejidad de tu mundo interior. (Lo cual te lleva a –sí, lo has adivinado–: ¡retraerte y esconderte más!).

Por eso, al ir avanzando en este viaje, verás lo importante que es acercarte cada vez más a quienes te ven como una persona completa y valiosa.

Descubrimiento: ¡Pero qué tonta! ¿Cómo no se me había ocurrido?

He aquí una lista de algunos de esos mensajes simplistas y obvios. Les hemos añadido respuestas sarcásticas para que te diviertas un rato (¡algo nos dice que sabrás a qué nos referimos!).

- ☐ «¿Has probado a usar la aplicación de recordatorios del teléfono móvil?».
  (Solo tengo instaladas diez aplicaciones de productividad, ¡muchísimas gracias!).
- ☐ «¿Por qué no te acostumbras a salir de casa diez minutos antes?».
  (¡Como si no lo intentara cada mañana!).

- ☐ «¿Has probado a usar una agenda?».
  (¡Ja!, llevo cinco en lo que va de año. He perdido tres, usé una como dispositivo contra la procrastinación y codifiqué en ella las tareas por colores, y la última se me cayó en un charco).
- ☐ «El secreto está en ser constante y seguir una rutina».
  (¡Sueño con tener la capacidad de ser constante! ¡Eso es precisamente lo que te estoy diciendo que me resulta tan difícil! No sé para qué me molesto en hablar, ¡no me escuchas!).
- ☐ «Prueba a poner una alarma para que te lo recuerde».
  (¿Una alarma? ¡Claro! ¡Esa es la solución que se me ha escapado todos estos años!).
- ☐ «¡Pero en estos tiempos todo el mundo se distrae!».
  (¡Uf, ya estamos! Por favor, cállate).
- ☐ «¡Bah, no es tan difícil como crees! Yo lo que hago es ______________________________».
  (Ya, ¡pero yo no soy tú! ¡Esa es la cuestión!).
- ☐ «¿Duermes lo suficiente y haces ejercicio?».
  (¡Y dale con el ejercicio! ¡Qué paciencia!).
- ☐ «¡Igual lo que necesitas es hacer unos pequeños cambios en la dieta!».
  (¿No me digas? Nadie me lo había comentado nunca).
- ☐ «Lo que tienes que hacer es una lista».
  (¿Una? Tengo mil, en notas adhesivas repartidas por toda la casa y por la oficina. ¿Cuál de todas ellas crees que será la solución mágica?).

- ☐ «Tú eres muy inteligente. Solo te hace falta tener pensamientos más positivos».
  (Esta no la había oído nunca. ¿De verdad crees que un problema de salud crónico va a desaparecer a base de pensamientos positivos, Barb?).

¡Ahora podemos soltar un «¡uf!» colectivo! ¿Se te ocurre alguna otra respuesta que quieras añadir? ¡Adelante!, es un buen ejercicio de desintoxicación. Ponle todo el humor que puedas a tu respuesta personal. Al fin y al cabo, la risa cura.

____

____

____

____

¿Qué mensajes simplistas has recibido a lo largo de los años?

____

____

____

____

¿Cómo sueles responder en esos momentos?

____

____

____

____

¿Hay alguna otra manera en que te gustaría responder a esa clase de comentarios en el futuro?

____

____

____

____

¿Cómo han afectado esos mensajes al concepto que tienes de ti misma, a la relación que tienes con las particularidades de tu cerebro y a tus relaciones con la gente?

____

____

____

____

Al ojo inexperto, los síntomas del TDAH pueden resultarle confusos y engañosos. Sobre todo si se nos considera personas muy capacitadas, es frecuente que no se entienda que una y otra vez nos quedemos «bloqueadas» en «cosas (aparentemente) insignificantes» (es decir, en las tareas que requieren un ágil funcionamiento ejecutivo). Quienes se relacionan con nosotras imaginan que la solución es muy simple, que basta con que tomemos algunas medidas prácticas y modifiquemos un poco nuestro comportamiento. Así que nos hacen sugerencias simplistas de estrategias que, a su entender, «arreglarán» todos esos problemas.

Cuando alguien no comprende la complejidad del TDAH, y pasa el tiempo y no ve que hayamos cambiado (sencillamente porque esas «soluciones tan simples» no funcionan), posiblemente piense que no hemos puesto en práctica con suficiente compromiso las estrategias infalibles que nos sugirió. Esto se suma a la patologización de nuestras diferencias y dificultades, algo que cuesta mucho combatir. Quizá ni tú misma entiendes lo que está ocurriendo insidiosamente bajo la superficie. ¿Y cómo puedes protegerte interna e interpersonalmente de esta clase de invasiones a tu propio ser cuando vives en lucha constante por comprender y aceptar tú misma lo que te ocurre?

Con frecuencia, la persona con TDAH percibe su vida como una serie interminable de pequeñas invasiones, que con frecuencia conducen a lo que se conoce como «síndrome de angustia emocional [...], un estado crónico de estrés emocional que está directamente relacionado con los esfuerzos y la tensión de vivir con TDAH, un estrés que reduce significativamente la tolerancia emocional de una persona, así como su capacidad para recuperarse y para mantener una sensación general de bienestar psíquico y salud espiritual» (Ochoa 2016, 44-45).

Mensajes asimilados

También es posible que las creencias dañinas que tenemos sobre nosotras mismas nos hayan llegado por una vía más imperceptible, que es haber asimilado los mensajes culturales, a menudo a través de los medios de comunicación, o haber observado el comportamiento de las niñas y mujeres neurotípicas, con las que inevitablemente nos comparábamos. Aunque no fuéramos conscientes de estar asimilando esos mensajes constantes, lo cierto es que posiblemente hayan influido en las ideas que tenemos sobre lo que se espera de una mujer, lo que se valora de ella y lo que decididamente *no* se valora (como, por ejemplo, los síntomas del TDAH).

Desde que somos niñas, absorbemos como esponjas esos mensajes sobre los roles de género y las expectativas culturales. Nos entran por los poros y, a lo largo de los años, se van solidificando en nuestro sistema de creencias debido a que todo a nuestro alrededor los corrobora reiteradamente. El hecho de que este proceso de asimilación sea en buena parte inconsciente explica que muchas mujeres aseguren que ellas no recibieron mensajes negativos directos en su infancia o en su adolescencia, así que les cuesta entender por qué se avergüenzan de sus diferencias derivadas del TDAH. Los mensajes que asimilamos de la cultura y de los medios de comunicación sobre lo que se valora en las mujeres son tan subrepticios, y llegamos a acostumbrarnos tanto a ellos, que con el tiempo la mayoría de la gente ya no es capaz de identificarlos como tales.

Las niñas y las mujeres, del mismo modo que aprendemos a través de la publicidad, las redes sociales, las películas y otros medios de adoctrinamiento cultural qué cuerpos, tonos de piel, tendencias o peinados son aceptables, asimilamos continuamente también conceptos sobre lo que una mujer debería ser capaz de hacer bien de forma natural. Así que, además de la vergüenza corporal que todas hemos sentido en algún momento, de un modo más sutil empezamos a sentir vergüenza por cómo funciona nuestro cerebro, es decir, *vergüenza cerebral*.

Debido a nuestra singular configuración neuronal, algunas de las cosas que comúnmente se espera que las mujeres hagan con facilidad nos resultan de hecho bastante complejas y difíciles a quienes tenemos TDAH. Y esa dificultad se manifiesta a menudo de formas que a la gente le cuesta entender ¡y que a veces ni nosotras mismas entendemos!

Cuando las expectativas que hemos interiorizado sobre los roles de género se encuentran con nuestras peculiares alteraciones

> ***Cuando las expectativas que hemos interiorizado sobre los roles de género se encuentran con nuestras peculiares disfunciones ejecutivas, sentimos una vergüenza cerebral que nos va armando de mecanismos de defensa –como escondernos, escaparnos o fingir– que nos acaban por inmovilizar.***

de las funciones ejecutivas, las mujeres con TDAH sentimos una vergüenza cerebral que nos va armando de mecanismos de defensa –como escondernos, escaparnos o fingir– que nos acaban por inmovilizar. Aunque hoy en día los roles de género ya no están definidos de un modo tan explícito como en épocas anteriores, ya que, a nivel intelectual, la mayoría de las mujeres rechazan el concepto de madre que estaba vigente en los años setenta (como la de *La tribu de los Brady*), vivimos en cualquier caso rodeadas de imágenes que, implícitamente, muestran lo que una mujer neurotípica hace con facilidad y sin pensar. Y, una vez más, los comportamientos «aceptables» o «deseables» que esas imágenes representan suelen ser precisamente los que más nos cuestan a las mujeres que tenemos una configuración cerebral atípica. Por eso, desde pequeñas, aprendemos a ocultar nuestras diferencias y empezamos a avergonzarnos de ser así.

Olivia, trabajadora social, cuenta lo siguiente sobre sus diferencias y la vergüenza de tener TDAH: «Me pongo nerviosísima cada vez que llega la Navidad y tengo que ir a la fiesta que organiza alguna colega. Me da pavor que se me vaya a derramar el vino, o que se me caiga la comida, o que me salga mal el postre que me he ofrecido a llevar, o chocar contra alguien, o sencillamente ¡ponerme en ridículo!». Diane, una exitosa diseñadora de páginas web, lo expresa de un modo conmovedor: «No hace falta que nadie me diga que otras mujeres hacen las cosas con más facilidad o mejor que yo. ¡Llevo observándolo desde el principio de mi vida».

Muchas mujeres con TDAH dicen que suelen quedarse anonadadas al ver funcionar a las mujeres neurotípicas y que se preguntan:

- ¿Cómo lo hacen esas mujeres?
- Mi hermana tiene tres hijos, trabaja fuera de casa, prepara la cena cada noche, va al gimnasio, queda con sus amigas y envía a todo el mundo tarjetas de Navidad que llegan en Navidad. Sé que no siempre le resulta fácil, pero no está igual de agotada que yo. ¡No entiendo cómo lo hace! ¡Yo quiero ser «normal», como ella!
- Cada vez que entro en casa de mis amigas y de mis vecinas me quedo pensando: «Pero ¿dónde está "todo"..., el revoltijo de cosas varias, las montañas de ropa y de papeles...?».

Las mujeres con TDAH vemos cómo organizan su vida otras mujeres y muchas veces, como decía una clienta, nos parece que estemos «viendo un espectáculo de magia».

La experiencia de Sari: Colorear saliéndose de las líneas

De pequeña me costaba mucho colorear los dibujos sin salirme de las líneas. En la clase de arte, cuando la profesora se paseaba entre las mesas para ver lo que hacíamos y darnos indicaciones, me inclinaba sobre ellos para que no los viera. En el campamento, a la hora de la inspección, recuerdo que no era capaz de doblar bien mi ropa. De adolescente, me costaba muchísimo saber qué clase de calcetines tenía que ponerme en cada estación. No entendía que otras chicas disfrutaran yendo juntas de compras. De joven, me daba pánico que me pidieran que participara en el ritual de cocinar y limpiar todas juntas durante las vacaciones.

***Descubrimiento:* Mensajes asimilados**

¿De qué fuentes encubiertas podrías haber asimilado a lo largo del tiempo mensajes idealizados que han aumentado la vergüenza que sientes por tener TDAH? Marca aquellas con las que te sientas identificada. Si quieres, puedes ampliar la lista.

- ☐ Publicidad, segmentos de noticias, revistas u otras fuentes mediáticas.
- ☐ Comentarios, fotos y vídeos publicados en las redes sociales.
- ☐ Ver cómo se desenvuelven otras mujeres en el trabajo, en la universidad o en la vida cotidiana.
- ☐ Oír hablar a otras mujeres con toda naturalidad de sus aficiones, de que han cambiado el aceite del coche, de que han ido de compras, de que han organizado una fiesta, de las comidas que preparan habitualmente o de que son ellas las que se ocupan de administrar la economía doméstica.
- ☐ Asistir a las celebraciones que organizan tus amigas o tus hermanas neurotípicas.
- ☐ El instituto, la universidad o el trabajo, donde tienes que adaptarte a los métodos tradicionales de educación, o a la forma convencional de trabajar, o

pasar por el estrés de tener que pedir alguna pequeña adaptación.

- ☐ La consulta médica.
- ☐ Ver en la televisión anuncios de sistemas de organización, planificación financiera y cosas por el estilo.

La experiencia de Clarissa: El camino menos transitado

A los treinta y dos años, Clarissa tuvo la sensación de haberse topado con un muro. Como artista, era consciente de que su forma de trabajar y sus creaciones se apartarían de la norma, pero la inquietud que esto le producía no era comparable al miedo y el sentimiento de inferioridad que se apoderaban de ella cuando estaba entre artistas o con su familia.

Aunque había empezado a saber más sobre el TDAH y se daba cuenta con más detalle de cómo la afectaba, y aunque contaba con ayuda profesional, seguía teniendo una angustiosa sensación de incompetencia y se percibía como un ser profundamente defectuoso. No conseguía estar a la altura de sus amigas ni de la gente de su edad, que parecían superarla en todo: conseguían ahorrar para irse de vacaciones y para comprarse una casa, se casaban, encontraban trabajos estupendos con formidables prestaciones... Además, se sentía muy culpable por no ser capaz de cumplir las expectativas que su familia y su comunidad, ancladas en la tradición, tenían de ella: que encontrara un trabajo, que asistiera a los servicios religiosos puntual y regularmente (a pesar de sus dudas de fe, de su enorme dificultad para organizarse y administrar bien el tiempo, y de su compromiso de trabajar en su estudio los domingos por la mañana) y que buscara un marido con el que formar una familia. En medio de la culpa y la vergüenza, a Clarissa le costaba mucho descubrir lo que ella de verdad quería.

Venía de una familia numerosa muy unida, y con frecuencia se organizaban cenas a las que acudían todos. Aquellas grandes reuniones estaban entre los mejores recuerdos que tenía de cuando era niña. Sin embargo, hacía ya muchos años que Clarissa se agobiaba cuando le pedían que hiciera cosas tradicionalmente femeninas, como cocinar, limpiar y servir. Siempre había una o varias mujeres que le decían: «Pero Clarissa, no es tan difícil. Tienes la cabeza en las nubes. Date prisa, la gente tiene hambre». Por si fuera poco, a la vuelta de cada esquina parecía estar esperándola algún otro pariente que le preguntaba si estaba «saliendo con alguien», porque «el tiempo corre» y sus padres estaban «¡deseando ser abuelos!». A Clarissa le gustaban mucho las tradiciones de su cultura cubana y la risa y la calidez de aquellas reuniones; pero al ir pasando los años, estar con su familia la hacía sentirse cada vez más perdida, era como si tuviera que encogerse. Tras reflexionar con una prima suya de confianza, que entendía bien los matices de su familia y de su cultura, Clarissa fue descubriendo los distintos tipos de mensajes que había recibido de su familia, sus amigas y su comunidad, y que a lo largo del tiempo había interiorizado. Esto le permitió apreciar las buenas intenciones de sus familiares y comprender su preocupación. Por muy desalentadores que fueran para ella los mensajes que recibía, en realidad la intención de todos era animarla a encontrar la felicidad de la forma que ellos habían interiorizado que era la «correcta». Una vez que comprendió esto, Clarissa pudo reconocer aquellos mensajes como algo separado de su identidad y de su experiencia interior, sentir compasión por su familia y gratitud por el amor que había detrás de sus palabras, y empezar a explorar qué era realmente lo que ella creía y quería.

Reflexión: La experiencia de Clarissa

¿Con qué sentimientos y experiencias de Clarissa te has sentido identificada?

___

___

___

___

___

¿En qué te han recordado las experiencias de Clarissa a las tuyas? Descríbelo.

___

___

___

___

___

Una vez que a Clarissa le diagnosticaron TDAH, pudo desvincular su carácter de sus rarezas, pues comprendió que había heredado una diferencia neurobiológica que no podía controlar y de la que no era responsable, y que esa diferencia explicaba sus dificultades. Cuando se paró a indagar detenidamente en el origen de los mensajes que había interiorizado, pudo empezar a desenredarse de la red de vergüenza, crítica y culpa que inmoviliza a tantas mujeres con TDAH.

Conclusiones útiles sobre el TDAH que podemos sacar de este capítulo

- Los «mensajes contra ti» son ataques directos que te llegan de una o más fuentes a causa de tus dificultades relacionadas con el TDAH.

- Los «mensajes contra ella» no van dirigidos expresamente a ti; son comentarios negativos sobre el aspecto, el comportamiento o las insuficiencias de otra mujer. A través de esta comunicación indirecta, aprendemos lo que está socialmente bien visto y es aceptable.

- Los «mensajes simplistas» son sugerencias bienintencionadas que alguien te hace y que demuestran su ignorancia sobre la profundidad y complejidad del TDAH y sobre las dificultades que se derivan de él. Estas sugerencias suelen llevar implícito el mensaje de que eres una vaga o de que eres tonta ¡si no has sabido encontrar tú sola una «solución» tan simple!

- Los «mensajes asimilados» son sugerencias o declaraciones encubiertas que captamos de nuestra cultura sobre cuál es la forma adecuada de estar en el mundo, ya sea a través de los medios de comunicación o de observar cómo funcionan las mujeres neurotípicas. Aunque a menudo no somos conscientes de estar asimilándolos, pueden llegar a provocarnos un profundo –y a veces confuso– sentimiento de vergüenza por nuestras diferencias debidas al TDAH.

Capítulo 4

Comprende por qué te escondes

Investiga las reglas tácitas que imponen cómo debemos comportarnos las mujeres

Las mujeres con TDAH solemos adoptar mecanismos de autoprotección instintivos; el más común de ellos es escondernos. Por eso, para poder tener una vida valiente, luminosa, fuerte y audaz como mujeres con TDAH, es imprescindible que descubramos, afrontemos y reemplacemos todas las diversas formas en que se manifiesta ese instinto de escondernos y que nos hacen vivir *enredadas* y solas.

Las causas de que nos escondamos y el precio que pagamos por vivir escondidas

Nuestras clientas dicen que, en la mayoría de los casos, el medio que utilizan para «poder con todo» lo que supone el TDAH es... esconderse.

Repitámoslo para que quede claro. El medio que más utilizan las mujeres con las que trabajamos para hacerse la vida más fácil *no* es un buen planificador digital, ni un sistema de listas, ni un calendario electrónico, ¡es ocultarle a todo el mundo quiénes son!

Queremos que te pares un momento y lo asimiles. ¿Qué significa realmente que nos es más fácil vivir con TDAH si nos escondemos?

> ***Escondernos es un mecanismo de autoprotección que no deja que el mundo vea quiénes somos. Cuando ocultamos nuestras dificultades, nos ocultamos también a nosotras mismas como individuos y perdemos la posibilidad de mostrar quiénes somos realmente, algo que anhelan hacer todos los habitantes del planeta.***

Escondernos es un mecanismo de autoprotección que no deja que el mundo vea quiénes somos. Cuando ocultamos nuestras dificultades, nos ocultamos también a nosotras mismas como individuos y perdemos la posibilidad de mostrar quiénes somos realmente, algo que anhelan hacer todos los habitantes del planeta. Todos los seres humanos queremos que nos vean y nos acepten por lo que somos en este momento. Las mujeres con TDAH deseamos evitar el dolor que nos causa sentirnos invisibles, pero refugiándonos en ese falso sentimiento de protección solo nos hacemos más daño.

Puede que empezaras a esconderte porque sentías que nadie te entendía o que no te entendías ni tú misma. Probablemente, para entonces tenías claro que no se apreciaban mucho tus diferencias. Puede que tuvieras la impresión de que nadie veía más allá de ellas, y por tanto se te negaba la posibilidad de expresar y ofrecer todo lo que eras y tenías además de esas diferencias. Es probable que tus intenciones se malinterpretaran y recibieras una respuesta negativa. Puede que te ocultaras porque no querías que te «descubrieran»; habías oído comentarios negativos sobre otras mujeres que tenían rasgos o dificultades similares a los tuyos, y te preocupaba el precio que tendrías posiblemente que pagar si se descubría a la «auténtica» tú.

Para empezar el proceso de afrontar el acto reflejo de esconderte, conviene de entrada que observes los síntomas del TDAH, provocados por la configuración de tu cerebro, y a continuación observes cómo se han ido enredando y asociando con las respuestas sociales que más temes, como son el rechazo, el desdén o el abandono. Este ejercicio te ayudará a comprender que tal vez esos temores fueran la causa de que empezaras a esconderte, y también de las consiguientes decisiones y del precio que has pagado por ellas.

***Descubrimiento:* Síntomas del TDAH**

He aquí una lista de síntomas comunes del TDAH que pueden provocar el impulso de retirarse, protegerse y esconderse. Queremos insistir en que todos ellos son el resultado de una particular configuración cerebral y en que tendemos a formar una maraña entre estos síntomas y las ideas equivocadas sobre su origen, lo cual nos provoca temores infundados que nos incitan a adoptar conductas autoprotectoras pero contraproducentes, ¡como escondernos!
Marca los síntomas *reales* del TDAH con los que te identifiques:

- ☐ Tendencia a olvidarme de las cosas
- ☐ Desorganización

- ☐ Imposibilidad para predecir con exactitud cuánto tardaré en hacer algo
- ☐ Incapacidad para registrar mentalmente todas las cosas que tengo que hacer
- ☐ Necesidad de que me expliquen repetidamente cómo hacer algo o me confirmen los detalles
- ☐ Dificultad para hablar con orden y expresar todos mis pensamientos
- ☐ Dificultad para cocinar y hacer la compra
- ☐ Dificultad para realizar las tareas cotidianas y tener organizadas mis pertenencias, la casa o las cosas de mis hijos
- ☐ Problemas para mantener el interior del coche desordenado
- ☐ Dificultad para mantener conversaciones triviales
- ☐ Dificultad para mantener la atención durante las llamadas telefónicas
- ☐ Fatiga tras una jornada «normal» de trabajo dentro o fuera de casa
- ☐ Tendencia a sentirme sobreestimulada en las tiendas, centros comerciales u otros lugares concurridos
- ☐ Tendencia a sentirme saturada tras conversar con distintas personas o en presencia de demasiados estímulos, y necesidad de tiempo o espacio para recuperarme
- ☐ Dificultad para sentarme quieta y esperar, incluso durante un período breve o razonable
- ☐ Tendencia a hablar precipitadamente y a interrumpir a la persona que está hablando
- ☐ Otros ________________________________

¿Qué es lo que más temes que puedan pensar de ti al percibir cualquiera de estos síntomas de TDAH y «descubrirte»? Marca lo que te suene familiar:

- ☐ Que soy una vaga
- ☐ Que soy perezosa
- ☐ Que no me importa nada
- ☐ Que solo pienso en mí
- ☐ Que no soy una buena madre, pareja, amiga, hija, hermana o compañera de trabajo
- ☐ Que no soy inteligente
- ☐ Que vivo en las nubes, que estoy atontada
- ☐ Que no me interesa nada ni soy interesante
- ☐ Que no me doy cuenta de las cosas, que me falta agudeza mental
- ☐ Que soy aburrida
- ☐ Que no soy ambiciosa ni tengo motivaciones
- ☐ Que no se puede contar conmigo
- ☐ Que soy una irresponsable
- ☐ Que soy una quejica, una malcriada, que me creo con derecho a todo
- ☐ Que soy excesiva, muy difícil de aguantar
- ☐ Que soy demasiado sensible
- ☐ Que no soy competente
- ☐ Que no valgo nada
- ☐ Que soy una impostora, un fraude
- ☐ Otros ______________________________

Las consecuencias que, a tu entender, podría tener que te «descubrieran» son poderosos detonantes de ese impulso de ocultar quién eres. Marca en la siguiente lista los temores que reconozcas.

Secretamente me preocupa que:

- ☐ Se rían de mí
- ☐ Me excluyan
- ☐ Hablen de mí
- ☐ Me griten
- ☐ No me presten atención
- ☐ Me infravaloren
- ☐ Me ignoren
- ☐ No me tomen en serio
- ☐ No reconozcan mis puntos fuertes o lo que aporto
- ☐ Me invada un sentimiento de impotencia en las relaciones
- ☐ No me escuchen
- ☐ Me hagan blanco de sus bromas
- ☐ Se aprovechen de mí
- ☐ Me abandonen
- ☐ Me rechacen
- ☐ Me hagan el vacío
- ☐ Otros ________________________________

Formas de esconderse

Hay formas muy diversas de esconderse. A veces significa «quedarte en el armario», por miedo a revelar tu falta de destreza en cierta área o delante de ciertas personas. También puede manifestarse en la decisión de no hacer algo que te atrae, incluso algo que te permitiría utilizar tus aptitudes o que te interesa de verdad.

Reflexión: ¿Cómo y cuándo te empezaste a esconder?

¿Recuerdas que hubiera un momento en el que, de pronto, era demasiado grande el riesgo de cometer un error? ¿O de atreverte a decir lo que pensabas? ¿O de diferir de lo que el resto opinaba o sentía sobre algo? ¿Qué ocurrió?

____

____

____

____

¿Cuáles han sido tus maneras más habituales de esconderte?

____

____

____

____

¿Puedes describir tus primeros recuerdos de haberte escondido?

____

____

____

____

La experiencia de Sari: Respuestas susurradas

En el instituto, cada vez que algún profesor preguntaba algo en clase, yo le susurraba la respuesta a mi compañera, en lugar de decirla en voz alta, porque no quería arriesgarme a hablar y que se me malinterpretara, o quizá a equivocarme delante de todos. Aunque así me sentía más cómoda y más a salvo que si hablaba en voz alta, el inconveniente era que mis profesores ¡nunca llegaban a enterarse de que yo sabía la respuesta! La intención era protegerme de posibles humillaciones, si tal vez mi respuesta no era correcta o me costaba expresarme con fluidez, pero el resultado fue que me privé a mí misma de obtener el reconocimiento y la buena opinión que merecía por saber las cosas, y también de poder aportar algo a la clase.

La experiencia de Michelle: Lo siento, tengo la casa demasiado desordenada

Poco después de cumplir los treinta años, dejé de invitar a mis amigos y amigas a casa temiendo que me juzgaran por «el desorden». No quería que nadie tuviera ocasión de darse mucha cuenta de mis dificultades secretas. Aunque esto me evitaba la angustiosa posibilidad de que me juzgaran a mis espaldas por ser tan desorganizada, o el bochorno de tener que oír sus críticas, lo cierto es que me acabó aislando, porque todos se preguntaban cuánto interés tenía yo realmente en nuestra relación.

Hasta que una amiga tuvo la valentía de hablarme del tema, no me di cuenta de lo que estaba haciendo. No había sido consciente de que la decisión de que nadie pisara mi casa, para que no vieran el desorden en el que vivía, era un mecanismo de autoprotección, pero también un símbolo con el que involuntariamente les comunicaba a todos: «¡Mantente a distancia!», que era lo más opuesto a lo que yo quería comunicar. Esto me llevó a seguir reflexionando y a empezar a hacer algunos cambios, aterradores, pero al final muy satisfactorios.

Descubrimiento: Contenerse

¿Cuáles de estas conductas de contención te suenan familiares?

- ☐ Suelo guardarme para mí mis pensamientos, opiniones e ideas.
- ☐ Me paso el día disculpándome por todo.
- ☐ Me cuesta defenderme y pedir lo que necesito.
- ☐ Suelo asentir a las ideas que proponen los demás o hacer las cosas a su manera, aunque eso signifique traicionar en silencio mis necesidades o traicionarme a mí misma.
- ☐ Acostumbro a ponerme una máscara, y a fingir que no tengo las dificultades que me causa el TDAH, para que nadie me juzgue o me trate de forma diferente.
- ☐ Tengo miedo de que la gente me conozca como soy.
- ☐ No asumo ningún riesgo en el trabajo.
- ☐ No asumo riesgos en mi vida personal, como, por ejemplo, asistir a unas nuevas clases o incorporarme a un grupo de gente que no conozco, o cultivar una relación con una nueva amiga, o probar una nueva actividad.
- ☐ No dejo entrar a nadie en mi vida; mantengo relaciones superficiales, o me retiro y dejo que queden en nada si veo que alguien se acerca demasiado.

- ☐ No dejo entrar a nadie en mis espacios: mi casa, mi lugar de trabajo, mi coche…
- ☐ Rechazo oportunidades que podrían ponerme en el punto de mira.
- ☐ No le hablo a nadie de mis aficiones, de mi talento para algunas cosas ni de mis proyectos.
- ☐ Rechazo todas las invitaciones.
- ☐ No pido ayuda ni apoyo.
- ☐ Otras ______________________________

Reflexión: ¿Todavía escondida?

¿Cómo te sientes cuando te escondes: a salvo, resignada, impotente, triste, frustrada, enfadada, culpable…, o no sientes nada en particular?

____

____

____

¿Qué cosas concretas te hacen esconderte todavía hoy?

____

____

____

____

____

La experiencia de Irene: El viaje anual de las chicas

Todos los años, las hermanas y primas de Irene planean un «fin de semana de chicas» en algún paraje recóndito. Aunque en teoría la escapada suele sonar tentadora, Irene acaba por sentirse atrapada y fuera de lugar en cada viaje. Nunca se ha atrevido a rechazar la invitación porque es una venerada tradición familiar.

Año tras año, Irene se abstenía de comentar su aprensión con las demás chicas, ni antes del viaje ni durante el fin de semana. Como consecuencia, no solo se pasaba las semanas previas llena de temor, sino que en ningún momento del viaje dejaba de sentir ansiedad. Se daba cuenta de que no tenía las mismas aptitudes que las demás para ninguna de las cosas que se hacían durante aquellos tres días: organizar la casa, cocinar, planificar actividades o limpiar. Le daba terror que se descubrieran sus «raras» incapacidades. Por ejemplo, una vez que preguntó si podía dormir en otra cama porque era muy sensible al ruido, todas la miraron con cara de perplejidad por ser tan exigente y no saber adaptarse. Al final, por una u otra razón, Irene se pasaba la mayor parte del fin de semana con un sentimiento de angustia. Nunca le contó a ninguna de las chicas lo que sentía ni habló con nadie de sus dificultades, porque le daba miedo y vergüenza que la descubrieran.

Si te ves evitar ciertas situaciones, debes saber que no eres la única. A continuación hemos hecho una lista de las más comunes. ¿Qué podrías estar perdiéndote?

***Descubrimiento:* Autoprotección**

Marca las situaciones que completen la siguiente oración:

No me gusta o evito por completo...

- ☐ viajar con otras personas
- ☐ ir en coche con otras personas
- ☐ trabajar con otras personas
- ☐ socializar
- ☐ asistir a reuniones en las que puedan revelarse mis dificultades
- ☐ organizar (ni sola ni acompañada) ninguna clase de evento, aunque secretamente me gustaría
- ☐ hacer excursiones con otras personas a lugares a los que de verdad quiero ir
- ☐ practicar con otras personas actividades con las que disfruto
- ☐ Otros ______________________________

Reflexión: El precio de esconderse

Esconderse tiene un precio. Descubramos cuál es el que tal vez tú has pagado en tu vida.

¿Qué situaciones te habría gustado compartir con otras personas, pero no lo hiciste porque tenías miedo a que te descubrieran?

____

____

____

____

Describe algún trabajo o alguna actividad a los que te hubiera gustado dedicarte, o que tenías la impresión de que se te habrían dado bien, pero que no te atreviste a probar porque exigían habilidades cognitivas complejas.

____

____

____

____

¿Qué te has perdido por haber tomado la decisión de retirarte o de esconderte?

____

____

____

____

La experiencia de Sharon: Ocultar sus «dificultades»

A Sharon le pidieron que presidiera un importante comité de empresa por sus excelentes ideas y su capacidad de liderazgo. Estaba encantada de que se reconocieran sus aptitudes, hasta que se dio cuenta de la capacidad organizativa que iba a necesitar. En lugar de pensar: «Soy la candidata ideal para hacer este trabajo, que tendrá una parte administrativa para la que voy a necesitar ayuda, así que voy a pedirla», rechazó el puesto. Pensaba que pedir ayuda equivaldría a revelar una deficiencia, lo cual haría que todos la vieran como la persona «limitada» que era.

La experiencia de Lydia: Ocultar su necesidad de ayuda

A Lydia le pidieron que diera unas conferencias sobre un tema que le interesaba mucho y en el que era una experta. Sin embargo, para ello iba a tener que viajar bastante. Y aunque le encantaba viajar y sentir la emoción de conocer otras grandes ciudades, había cosas de este trabajo que no la entusiasmaban tanto. Si aceptaba, iba a tener que averiguar cómo comprar toda la ropa y los accesorios que necesitaría, hacer y deshacer constantemente el equipaje, y atender a los innumerables aspectos logísticos y organizativos que a otras mujeres no parecían costarles mucho. Rechazó la oferta, en lugar de utilizar el ingenio para encontrar la forma de obtener ayuda en las tareas que, a su entender, revelarían una excesiva «incompetencia». «¡Otras mujeres no necesitan esa ayuda! —pensaba Lydia—. Me sentiría idiota si alguien se diera cuenta de que no sé hacer esta clase de cosas».

Las mujeres se esconden, no de las opiniones de nadie, sino del dolor, la decepción y la desconexión que *imaginan* que sentirán. Aunque parece que ocultándonos estaremos protegidas de todo ese malestar y sufrimiento, pagamos un precio muy alto por estas conductas autoprotectoras, ya que disminuyen nuestra luz. En lugar de protegernos, lo que hacen es alejarnos todavía más de lo que en verdad deseamos.

Por qué se esconden las mujeres: cuando el género y el TDAH se encuentran

Como hemos comentado en capítulos anteriores, las costumbres y expectativas de género están profundamente arraigadas en nuestra psique. Y a las mujeres con TDAH, estas normas pueden sabotearnos, y de hecho nos sabotean, pues la única salida que nos dejan es ocultar quiénes somos. Las mujeres con TDAH no somos inconformistas por elección, sino que no tenemos otra posibilidad que desviarnos de los roles típicos y las normas sociales debido a las diferencias de nuestro cerebro. A algunas de nosotras nos gustaría tener comportamientos de género más tradicionales, mientras que otras estamos deseando romper el molde. Pero una mujer con TDAH no tiene la libertad de tomar la decisión de apartarse, de destacar, de divergir visiblemente de la norma. Aunque sutil, este es un conflicto profundo, omnipresente y que no obedece a una elección intencionada de cómo vivir.

Roles y reglas

Si los *roles de género* son acuerdos sobre *qué lugar* nos corresponde y *qué responsabilidades* tenemos dentro de un grupo, las *reglas de género* son directrices que rigen *cómo* cumplimos nuestro papel. Pueden variar sustancialmente de una cultura a otra y de una familia a otra.

Desde la infancia, vamos asimilando reglas explícitas e implícitas que rigen los roles y la conducta de cada género. Por lo general, no es solo que las interioricemos, sino que estas «reglas» se graban con tal fuerza en nuestro interior que tenemos tácitamente la impresión de que «romperlas» justificará que se nos castigue, ya sea riñéndonos, avergonzándonos o expulsándonos del grupo. Tanto es así que, cuando un miembro de una familia u otro grupo cambia o expresa una opinión discordante, es habitual que se le dirijan *mensajes de reversión* –es decir, indicaciones verbales y no verbales de que dé marcha atrás y haga que las cosas vuelvan a ser como eran– para que todo el mundo se sienta cómodo, aunque la dinámica anterior no fuera en realidad cómoda ni sana para nadie (Lerner 1989, 193).

Una dinámica familiar sana es aquella en la que se espera de cada miembro un comportamiento que contribuya a mantener la estructura y seguridad de la familia; pero, dentro de ella, los roles y las reglas son lo bastante flexibles como para adaptarse a las particularidades de cada miembro y, cuando sea necesario, modificarse para apoyar el crecimiento personal de cada uno de ellos. Hay familias que se adaptan con mayor o menor facilidad a los cambios internos, y familias ancladas en rígidos patrones de funcionamiento que se transmiten de generación en generación. Cuanto más rígida es una familia, más inflexibles son las reglas tácitas que rigen la dinámica familiar y más limitado está el comportamiento de cada miembro. Por eso, cuanto más comprendamos esas reglas y el poder que tienen, más capaces seremos de romper los ciclos de vergüenza e intolerancia.

Descubrimiento: Roles de género estereotipados dentro de las familias

Existen diversos roles de género que a las niñas se les enseñan tradicionalmente desde que son muy pequeñas. Si es necesario, se las moldea para que encajen en ellos e incluso los adopten como suyos. (*Sí, aunque te parezca increíble, ¡sigue ocurriendo!*).

¿Te recuerda alguno de estos ejemplos a roles que tú desempeñaras de niña, o que en tu familia te animaran abierta o disimuladamente a adoptar? Marca los que te digan algo:

- ☐ De niña desvalida
- ☐ De niña buena y calladita
- ☐ De confidente de la madre o el padre
- ☐ De cuidadora de la madre, el padre o las hermanas y hermanos
- ☐ De niña no muy lista
- ☐ De niña tímida
- ☐ De niña esquiva e insociable
- ☐ Otros ______________________________

Intersección del género y el TDAH

Aunque los roles y las expectativas de género ya no se inculcan, imponen o supervisan tan directamente como décadas atrás, muchas mujeres con TDAH se sienten coartadas y limitadas por los mensajes que en un tiempo interiorizaron sobre lo que significa ser una mujer «como es debido» en la familia, la comunidad y la sociedad. El hecho de que tengamos grabados a fuego en algún lugar de la mente estos roles y prohibiciones hace que nos sea muy difícil buscar o pedir lo que necesitamos –adaptaciones, ajustes o simplemente comprensión y apoyo– y vencer el miedo a salir del molde en el que estos preceptos nos tienen aprisionadas. Para poder tener la audacia de vivir de una manera que nos satisfaga de verdad, debemos empezar por ser conscientes de cómo confluyen en nosotras la experiencia del TDAH y la experiencia de nuestro género (y todos los roles, reglas y expectativas asociados a él).

Esto significa que una pregunta tan simple como «¿qué podría hacer en este momento para subsanar las dificultades que me crea el TDAH?» se convierte fácilmente en «¿cuáles serán las consecuencias de pedir ayuda? Tengo que resolver esto por mi cuenta y ser una más del equipo. Si no, van a pensar que soy una incompetente». O «¿y si se enfadan porque les pido que no me metan prisa?... ¿Pensarán: "¡Pero esta quién se ha creído que es!"?... No debería dar la nota». Si vivir con TDAH es de por sí difícil, todo esto nos incapacita todavía más para pedir ayuda, revelar nuestras vulnerabilidades y sentirnos con derecho a solicitar cambios que tal vez incomoden a los demás.

Para poder hacer frente a estas prohibiciones y reglas, es necesario que tengamos el coraje de reivindicar lo que necesitamos, y ese coraje solo puede nacer de nuestra propia aceptación de quienes somos y el consiguiente respeto a nuestras diferencias. Eso es lo que nos da la audacia para arriesgarnos a romper algunas reglas.

Aprendamos a romper las reglas

La historiadora Laurel Thatcher Ulrich (1976), ganadora del premio Pulitzer, dijo en una ocasión: «Las mujeres que se portan bien rara vez hacen historia». En el proceso de desaprender lecciones opresivas y desenredarnos de todas las narrativas perjudiciales, se nos presenta la oportunidad de romper algunas reglas. La primera, la que nos inculcaron sobre cómo «debe» ser una mujer.

La experiencia de Alexis: Llevar el timón

A los cuarenta y ocho años, Alexis estaba a punto de hacer algunos cambios muy emocionantes. Cansada de trabajar en el Departamento de Recursos Humanos de una empresa, donde no tenía posibilidad de expresar sus cualidades y pasiones, decidió abrir su propio negocio de consultoría con la ayuda de una asistente de confianza. Llevaba años soñando con dar el salto y, al fin, se sentía fuerte y en condiciones de hacer la transición.

Solo había una cosa que la inquietaba, y era contárselo a sus amigas y su familia, a las que durante años les había ocultado este sueño. Tras varias semanas de prepararse para afrontar este punto de inflexión que tanto temía, una tarde Alexis llegó a la sesión de terapia con aspecto derrotado y expresión de agotamiento, una imagen casi opuesta a la de la semana anterior. Aunque sabía con claridad lo que quería, y se sentía con fuerzas para conseguirlo, entre lágrimas me habló de la vergüenza, las dudas y el miedo que se habían apoderado de ella en el curso de la última semana de solo pensar en comunicarles a todos su magnífico sueño. Decía que había empezado a recordar obsesivamente todas las veces que la gente la había tachado de egoísta, impulsiva, desconsiderada y despótica cuando expresaba con firmeza una opinión discordante o tomaba la decisión de hacer algo poco habitual.

Desde pequeña, a Alexis se la había considerado una chica de carácter fuerte. Era franca y a menudo encontraba una forma original de hacer las cosas, cualidad que no siempre entusiasmaba a su familia y a sus profesores. Con frecuencia, las normas tácitas sobre cómo «debía» comportarse una chica la asfixiaban, y se avergonzaba de ser como era. En estos momentos, a Alexis le daba pavor que el paso que estaba a punto de dar supusiera tener que volver a oír el mismo discurso de siempre y que, precisamente las personas cuyo apoyo más necesitaba, la consideraran una mujer egoísta, impulsiva y excesivamente emocional. Además, a la vista del conflicto de emociones en el que llevaba sumida toda la semana, se preguntaba si, al final, iba a resultar que todos tenían razón desde el principio.

Después de que habláramos sobre estos enredos, que eran reflejo de que, a un nivel profundo, los mensajes que había interiorizado desde niña sobre el comportamiento de género se habían entrelazado con la interpretación errónea que hacían los demás de sus síntomas del TDAH, Alexis pudo volver a centrarse en lo que sabía de sí misma. Al finalizar la sesión, dijo que tenía la profunda certeza de que no solo estaba tomando una decisión que era buena para ella y, por tanto, iba a defenderla con firmeza ante quien fuera, sino de que además era una mujer capaz y digna de llevar el timón de su nave.

Como decíamos, no es que las mujeres con TDAH elijamos actuar de formas no convencionales, sino que sencillamente no tenemos elección. En muchos casos, no encajamos en los moldes de género tradicionales porque las tareas que históricamente se nos han asignado a las mujeres suelen exigir un alto funcionamiento ejecutivo justo en aquellas áreas que más difíciles nos resultan a quienes tenemos TDAH. Por si fuera poco, muchas mujeres con TDAH se lamentan de que no hay forma de explicarles esto a quienes no tienen este trastorno, independientemente de cuál sea nuestra identidad de género. Es muy probable que esta disconformidad con los estereotipos de género sea particularmente problemática para quienes forman parte de la comunidad trans o *queer*, ya que la discriminación de la fluidez de género significa en su caso una amenaza diaria a su bienestar.

Reflexión: La influencia de los roles de género

En las relaciones en las que se esperaba de ti un comportamiento tradicional de género, ¿cuál ha sido tu experiencia en lo referente a pedir ayuda y expresar tus necesidades?

____

____

____

____

____

____

Descubrimiento: Reglas de género

Todas recibimos mensajes que nos dejan claro qué comportamientos están mal vistos en las mujeres. Y estas reglas, y sus desagradables consecuencias implícitas, contribuyen con frecuencia a que desistamos de pedir la ayuda o el apoyo que necesitamos a causa de nuestra particular configuración cerebral.

¿Te resulta familiar alguna de estas reglas?

- ☐ No des la nota
- ☐ Sé amable

- ☐ Sé flexible
- ☐ No pidas favores
- ☐ No pidas que se te concedan privilegios, como darte el apoyo básico o hacer adaptaciones que te faciliten las cosas
- ☐ No actúes como si te creyeras especial
- ☐ No destaques
- ☐ Otras ___________________________________

La experiencia de Deb: Reglas, roles y tradiciones

Cuando Deb era niña, su familia estaba muy bien considerada en el barrio donde vivían. Su madre, que trabajaba de profesora, era la piedra angular del distrito escolar, una mujer siempre activa, extrovertida, organizada y rebosante de energía. Tenía muy buena relación con las demás madres de la comunidad, y organizaba con regularidad reuniones sociales en las que se encargaba de que todo estuviera a punto, decoración y repostería incluidas. Deb se acuerda de que ella jugaba a las cocinitas y a hacer que era la anfitriona; y ahora que es una mujer adulta, le gustaría poder replicar el carácter gregario de su madre y aquella capacidad suya para sincronizarlo todo a la perfección. Pero nunca lo consigue.

Cuando era adolescente, su padre casi siempre estaba fuera, y las veces que estaba en casa le costaba mucho conectar con él. Deb había captado la regla tácita que decía: «No molestes a tu padre, que bastante cansado está ya», así que había asumido desde pequeña que no le estaba permitido hablarle de verdad de sus pensamientos, sus sentimientos y los momentos buenos y no tan buenos. Deb nunca sintió que se mereciera del todo que su padre y su madre trabajaran tanto, y tenía terror a decepcionarlos, así que para que estuvieran contentos y orgullosos de ella, solía ocultarles sus dificultades. Lo último que quería era causarles problemas.

Deb aprendió que las mujeres deben ser complacientes y no hacerse notar. En las ocasiones en las que tenía el valor de pedir ayuda o de expresar su opinión, se daba cuenta de que a la gente le molestaba. Sentía que era una carga por necesitar ayuda —ya que, como nadie consideraba que sus necesidades o dificultades fueran para tanto, no solían prestársela de muy buena gana— y también que, cuando se atrevía a hablar o a expresar una opinión contraria a la del resto, la gente se ponía de mal humor.

Cuando Deb acudió a la primera sesión de terapia, vivía en un barrio elegante, estaba casada, tenía dos hijos y se rodeaba de mujeres como su madre: organizadas, activas, puntuales, que llevaban pantalones de yoga caros, utilizaban técnicas de crianza infantil aparentemente superiores y conseguían atender a todo lo que incluyera su apretada agenda. (Vamos, ¡algo impensable para una mujer con TDAH!). Cuando se comparaba con las demás mujeres y lo que eran capaces de hacer, veía con más claridad aún sus diferencias y se sentía vulnerable. Aunque era consciente de que a veces las idealizaba, sabía también que, sentimientos aparte, era un hecho que esas mujeres no tenían la misma clase de diferencias y dificultades que ella, y que por tanto no la entendían. Evidentemente, ella era «la madre rara».

Intentar mantener sus dificultades en secreto y «pasar por normal» —es decir, cumplir los roles y las normas establecidos tácitamente en el barrio— la abrumaba, la agotaba y, por supuesto, la hacía sentirse una farsante. Cuando llegaba el momento en que las particularidades de su cerebro sencillamente no le permitían «pasar por normal», se aislaba para que las mujeres a las que en secreto admiraba no descubrieran que era incapaz de cumplir las reglas que tácitamente se esperaba que cumplieran las mujeres de aquel barrio.

Como había crecido en un hogar en el que las mujeres no solo se encargaban de mantener vivos los rituales y el sentimiento de unión dentro de la familia, sino que eran verdaderas expertas en ello, Deb se sentía más agobiada y deprimida que nunca al acercarse las Navidades. A la dificultad práctica –de origen neurobiológico– para cumplir toda la serie de reglas y roles que había interiorizado desde niña, se sumaba en estas fechas la tensión emocional. Por si fuera poco, seguía presionándola desde lo más hondo aquella regla familiar de que una no debe expresar su parecer, de que hacerlo es egoísta y desconsiderado, y sabía por experiencia que saltarse esta regla significaba en la mayoría de los casos incomodar a todo el mundo con sus palabras y que se enrareciera el ambiente.

Deb estaba convencida de que era su obligación encargarse de mantener las tradiciones; tan convencida que ni siquiera se planteaba la posibilidad de modificar los rituales, aunque la dejaran exhausta. Temía que, si le hablaba abiertamente a su familia de lo difícil que aquello le resultaba y de que necesitaba ayuda, todos se sintieran decepcionados; en última instancia, temía que contarles la verdad provocara una profunda desconexión.

Pero no contar la verdad, y empeñarse en cumplir las reglas y los roles que había interiorizado sobre las tradiciones familiares y los ideales femeninos, le provocaba miedo, tensión, estrés y resentimiento, lo cual empeoraba las cosas y a menudo desembocaba en crisis de ansiedad y en depresión. Deb se sentía atrapada en una red de mensajes que la asfixiaban y de los que no sabía cómo liberarse.

Reflexión: La experiencia de Deb

¿Te sientes identificada con alguno de los mensajes, manifiestos o implícitos, que a lo largo de su vida interiorizó Deb sobre las tradiciones, los roles y las reglas de género? ¿Cómo influyen en ti?

____

____

____

____

____

Romper el molde

Independientemente de cuál sea nuestra ideología política, creo que casi todas las mujeres podemos identificarnos con lo que debió de sentir en 2017 la senadora Elizabeth Warren cuando, en mitad de su discurso, el senador Mitch McConnell la interrumpió y exigió al presidente del Senado que la mandara callar, episodio que se hizo viral rápidamente. McConnell, que en ningún momento había estado de acuerdo con la resolución de Warren a saltarse la tradición y defender su alegato ante el pleno del Senado, hizo una de las declaraciones públicas más impactantes que se habían oído desde hacía mucho tiempo: «Estaba advertida. Se le dio una explicación. Aun con todo, siguió en sus trece». Este episodio es un claro ejemplo de la oposición con la que nos encontramos las mujeres cuando vamos a contracorriente. Date cuenta de que a Warren se la censuró no por sus inclinaciones políticas o por el contenido de su discurso, sino por rechazar la tradición y estar decidida a hacer oír su voz. Como mujeres con TDAH que hemos emprendido este viaje con el objetivo de desenredar la maraña, también nosotras vamos a tener que estar decididas a hacer oír nuestra voz, pasando por encima de todos los cuentos que nos han contado sobre cómo nos debemos comportar, y aunque nos parezca que tenemos pocas probabilidades de que se nos escuche.

Cuando las mujeres con TDAH nos encontramos en situaciones que, debido a la particular configuración de nuestro cerebro, no sabemos cómo afrontar –en la relación con ciertas personas, en entornos de tradiciones muy arraigadas en los que están rígidamente definidos los roles de género o ante la perspectiva de tener que ocuparnos de tareas que tradicionalmente se les han asignado a las mujeres (como enviar felicitaciones navideñas, preparar un guiso para el vecino que está enfermo, organizar la casa...)– por lo general nos cuesta muchísimo decir la verdad: que nos sentimos incapaces de hacerlo y que, en todo caso, para poder hacerlo necesitaríamos ayuda. Por el contrario, lo más probable es que nos disculpemos constantemente por no hacer mejor las cosas, que digamos sí cuando alguien nos pide el favor de que hagamos algo que no podemos o no queremos hacer, o que adoptemos comportamientos con los que intentamos «compensar» la imposibilidad de encajar en el molde o de actuar al estilo neurotípico.

Es posible que también tú te sientas sujeta a prohibiciones y expectativas tácitas que socavan aún más tu sentido de autonomía y te roban tu poder personal, lo cual hace que te quedes callada justo en los momentos en los que con más fuerza necesitas afirmarte.

Consecuencias tácitas de incumplir las expectativas

Junto con los mensajes explícitos e implícitos sobre lo que está bien considerado dentro de un grupo, captamos también las consecuencias que puede acarrear incumplir las reglas. La señal de peligro nos llega a veces en el tono de voz de nuestro interlocutor, una mirada, una frase o un comportamiento que nos dicen: «Te estás pasando de la raya. Da marcha atrás. Vuelve a ser como eras. No te salgas del molde». Lo que se insinúa con esto es que nuestra decisión de no amoldarnos afectará al bienestar del grupo o de la relación, y eso tendrá consecuencias. Así que nos entra miedo a que, si hablamos claro o nos apartamos de la norma en el sentido que sea, se nos juzgue, se nos excluya y se nos aísle.

Por otro lado, solemos ser igual de reacias a revelar nuestros puntos fuertes y nuestros logros que a dejar que nadie sepa de nuestras dificultades. De pequeñas interiorizamos que la prohibición de mostrar nuestras diferencias lo incluía todo: nuestras diferencias y también nuestras aptitudes. En este último caso, la consecuencia que tememos es que se nos diga: «¿Qué pasa, te crees mejor que nosotros?».

Reflexión: La experiencia de Deb

¿Te acuerdas de que en algún momento se te prohibiera sutilmente mostrar tus puntos fuertes y tus aptitudes o destacar dentro del grupo? ¿Cómo crees que te ha afectado?

____

____

____

____

____

La experiencia de Tammy: ¡Eres una engreída!

Tammy es una mujer muy inteligente, pero a causa de las dificultades derivadas del TDAH nunca había conseguido demostrar todo su potencial. Cuando recibió el diagnóstico, y entendió que esas dificultades eran de origen neurobiológico, con algo de apoyo y terapia se sintió al fin capaz de intentar hacer realidad el sueño de tener su propio negocio. Empezó a diseñar una nueva tarjeta de visita y un sitio web, y se propuso dedicar un poco de tiempo los domingos a trabajar en su emocionante proyecto.

El problema era que todos los domingos venían a verla sus hermanos y sus cuñadas. Las mujeres solían sentarse delante del televisor a ver su reality show *favorito y pasaban una tarde agradable entre comentarios y risas. Pero las tardes de domingo eran el único rato que Tammy tenía para dedicar a sus cosas y, por otro lado, le costaba mucho estarse quieta en el sofá durante un programa entero. Pero no se sentía capaz de decirles que necesitaba tiempo y espacio, y tampoco quería hablarles de su proyecto por miedo a que se burlaran de sus ambiciones e ideas. No le faltaban motivos: cuando era pequeña, toda su familia se reía de las ideas tan extravagantes que se le ocurrían.*

Así que, en lugar de permitirse reivindicar el tiempo que necesitaba para dedicarse a su negocio y expresar esto con claridad, siguió pasando los domingos en compañía de todos y sintiéndose cada vez peor. Estar por un lado enfadada con la situación y, por otro, querer mantener en secreto su proyecto y el deseo de estar haciendo otra cosa, no la dejaban ni disfrutar de su compañía ni tampoco hacer lo que realmente hubiera querido. No se atrevía a revelarle a nadie de su familia estas nuevas facetas. Le daba miedo romper la tradición familiar y tener que oír comentarios como: «¡Eres una engreída!». Recordar los mensajes que había recibido en el pasado era una traba que no la dejaba empezar una vida nueva.

Dado que las mujeres tenemos una inclinación natural a cuidar de las relaciones, nos inquieta cualquier cosa que ponga en peligro aquellas que son para nosotras más fundamentales. Y, sin embargo, ser mujeres con TDAH significa que a veces no tenemos más remedio que hacer las cosas de manera distinta a la ideal, ya que nuestro cerebro no siempre responde como nos gustaría. Si es muy improbable que cualquier mujer pueda estar a la altura del imago de Superwoman, a las mujeres con TDAH nos es sencillamente imposible (Eichenbaum y Orbach 1987). Tener TDAH significa, además, que la clase de ayuda que necesitamos es a veces bastante atípica, y el solo hecho de pedirla puede encender la señal de alarma. A veces, el acto de pedir ayuda nos da más miedo y nos angustia más que el problema en sí para el que la pedimos, sobre todo si vivimos o trabajamos en un sistema donde a las mujeres que se expresan con firmeza se las considera o peligrosas o excesivamente emocionales.

Descubrimiento: El precio de revelarnos

En el pasado, ¿ha habido situaciones en las que te ha costado revelar tus diferencias? Marca las que te resulten familiares.

- ☐ ¿Te has encontrado en ambientes en los que intuías que tus necesidades derivadas del TDAH no iban a acogerse con agrado y te has abstenido de pedir la ayuda o el apoyo que necesitabas? (*Pensarán que soy una engreída y que me creo con derecho a todo. O que me creo «especial». Y entonces me rechazarán*).

- ☐ ¿Alguna vez te has contenido cuando estabas a punto de pedir que se te hicieran algunas concesiones (como que se te permitiera tener un horario laboral más flexible, o trasladarte a una zona más tranquila de la oficina, o trabajar con la puerta cerrada), aunque sabías que esas adaptaciones te darían la posibilidad de centrarte más en el trabajo y ser más eficiente dentro del equipo? *(¡No quiero que crean que soy una antipática! ¡Soy una persona sociable! Si pido estas cosas, me harán una valoración negativa en la próxima evaluación de rendimiento y nadie querrá conocerme).*
- ☐ ¿Alguna vez has querido pedir personal de apoyo en el trabajo, o sugerirle a tu pareja la posibilidad de contratar a alguien que te ayudara en casa, pero no lo has hecho por miedo a la respuesta que podías recibir? *(Ya sé lo que va a pasar. Van a decir: «¿En serio? ¡Hay cosas más importantes en las que gastar el dinero!»).*
- ☐ ¿Alguna vez has organizado una fiesta y has sugerido que cada cual trajera algún plato para compartir (porque te encanta invitar a la gente a tu casa pero cocinar no es lo tuyo), y al final no te has atrevido? (*No quiero tener que oír: «¡Tampoco es para tanto! ¡Basta con que pongas cuatro ingredientes en una olla y dejes que se hagan a fuego lento! ¡No hay que ser un genio para cocinar un par de platos!»*).
- ☐ ¿Te has encontrado alguna vez con una respuesta simplista y veladamente sentenciosa cuando le has contado a alguien lo abrumada que te sientes en las bodas o en las «fiestas premamá», y, después de eso,

ya no has vuelto a decir nada? *(No quiero tener que oír: «¡Pero si va a ser muy divertido! ¡Relájate! ¿Has mirado la lista de regalos? De los buenos, quedan ya muy pocos». ¡Qué horror!).*

- [ ] ¿Alguna vez has pensado en reunirte con tus amigas en un sitio tranquilo en lugar de en tu casa y, en el último momento, lo has descartado por miedo a cómo podrían reaccionar? *(Ya, ya sé que esta vez me toca a mí. Yo creo que debería darles lo mismo dónde organice la reunión, pero seguro que contestarán: «¡Hasta ahora todas hemos hecho de anfitrionas!» ¡Mejor me callo!).*

Reflexión: El precio de revelarnos

¿Dirías que, en tu caso, esta clase de situaciones han contribuido a que sigas ocultando tus diferencias y necesidades o, por el contrario, te han hecho reaccionar y empezar a expresarlas?

____

____

____

____

____

Conclusiones útiles sobre el TDAH que podemos sacar de este capítulo

- Una de las estrategias de autoprotección más generalizadas y perjudiciales a las que suelen recurrir las mujeres con TDAH es esconderse.

- Aunque ocultar tus diferencias parece ser una manera eficaz de evitarte situaciones incómodas, o conflictivas, en las que te sientes particularmente vulnerable, también es un impedimento para que se exprese gran parte de lo que eres y de lo que puedes ofrecer al mundo.

- Esconderte te saca de tu vida.

- Cuando eres una mujer con TDAH, las reglas, roles y expectativas de género añaden leña al fuego, ya que complican y entorpecen todavía más cualquier intento de hacer oír tu voz, de ocupar el espacio que mereces y de defender sin reparos tus necesidades, preferencias, ideas y cualidades.

- En definitiva, callarte y esconderte solo es un obstáculo más a tus esfuerzos por crear una vida que te facilite vivir con el TDAH y permita que brillen tus puntos fuertes.

Segunda parte

Más brillante

La mayoría de las sombras de esta vida las proyectamos nosotros, al plantarnos delante de nuestra propia luz.

–Ralph Waldo Emerson

Como dice tan elocuentemente esta cita de Emerson, el mayor obstáculo que debemos salvar en el camino del cambio es el miedo a nuestra propia luz. Esta reflexión alude a los períodos de desventura y oscuridad a los que nosotras mismas contribuimos, que quizá incluso creamos, al resistirnos a nuestro derecho a brillar.

Brillar –permitirnos imaginar y empezar a hacer realidad una manera más brillante de vivir como mujeres con TDAH– nos exige averiguar lo que de verdad queremos, mostrarnos más al mundo como de verdad somos, elegir con quiénes queremos establecer relaciones y, también, admitir de quiénes queremos alejarnos. Y este proceso podría desencadenar reacciones internas contra los comportamientos dóciles y complacientes que de niñas aprendimos que se esperan de una mujer.

En este tramo del viaje, las mujeres con TDAH suelen tener que vencer el miedo y la resistencia que en algunos momentos las inmovilizan. Por eso, toda esta parte está dedicada a ayudarte a cruzar el puente por el que saldrás de la sombra que tú misma proyectas y a avanzar por el camino que sea más adecuado para ti.

Ha llegado el momento de que te centres en imaginar una visión de ti totalmente nueva, y de que pruebes a vivir una nueva versión totalmente nueva de tu vida como mujer con TDAH. Así que continuemos, *hacia la luz*.

Capítulo 5

Ajusta el brillo

Juega con las posibilidades

La aclamada escritora y conferenciante Marianne Williamson expresó un concepto similar al de la cita de Emerson que abre esta segunda parte: «Lo que más miedo nos da no es ser incapaces. Lo que más miedo nos da es ser poderosos más allá de toda medida. Es nuestra luz, no nuestra oscuridad, lo que más nos asusta» (1993, 208).

Estas palabras tienen especial fuerza considerando las circunstancias del viaje que has emprendido como mujer con TDAH. Como la mayoría de los seres humanos, cuando las nubes se apartan y la calidez o la oportunidad entran en tu vida, quizá te quedas aturdida y te agobias porque sientes que no estás preparada.

Tal vez la simple idea de que el sol pueda brillar sobre ti te resulte desconocida e intimidante, cuando estás acostumbrada a andar con la cabeza gacha, y te contentas con sobrevivir en el clima siempre inestable de tu cerebro atípico y tu fluctuante espacio emocional. Tal vez crecer, cambiar y adentrarte plenamente en tu propia luz te parezca no solo inverosímil, sino incluso irresponsable. Si no estás preparada para la luminosidad, quizá te deslumbre y tu primer impulso sea darle la espalda o taparte los ojos. Puede que te encierres en ti misma.

Sin embargo, ahora que has llegado a esta etapa del viaje, también es probable que volver a las sombras de la clandestinidad no te dé ya la misma seguridad que en el pasado ni te parezca tan tolerable. Así que, con suerte, quizá te plantees modificar los planes. En lugar de retraerte, es posible que esta vez te pares a pensar con claridad, agarres la crema solar y un sombrero de ala ancha, y salgas y te dejes inundar por el sol.

Queremos que entiendas que a la mayoría de las mujeres, no solo a las que tenemos TDAH, la posibilidad de brillar con más intensidad suele llenarlas de miedo y de dudas. La idea de cambiar nos provoca ansiedad por cantidad de motivos distintos; de entrada, por lo que supondrá para nosotras y para nuestra vida, pero nos preocupa también cómo reaccionarán los demás. Es normal que sea así, forma parte del proceso, así que no te sorprendas cuando ocurra; es un componente inevitable y necesario de esta clase de transición. ¡Recuerda que no eres solo tú la que está cambiando! A consecuencia de tus cambios, todas las personas que estén en tu órbita tendrán que hacer ajustes, y eso llevará algo de tiempo y mucha persistencia. Te animamos a que seas paciente con el proceso.

Por el hecho de tener TDAH, hasta ahora ha sido como si faltaran piezas del rompecabezas y no pudieras armar la imagen completa de quien eres. Ahora al fin las tienes, y ha llegado el momento de que empieces a pensar en incorporarlas y construir una nueva imagen de ti, una imagen que corrija, complete o defina con más precisión la anterior, tras años de distorsión y desaliento. Esta imagen más completa y precisa de ti y de tus posibilidades tiene que incluir una comprensión de tus puntos fuertes y débiles, así como de tus intereses y recursos, de los aspectos en los que necesitas ayuda y, sobre todo, de los rasgos de carácter que han estado presentes en ti toda tu vida y en los que puedes confiar.

La vulnerabilidad que sentimos en muchos momentos a causa del TDAH hace que seamos muy conscientes de nuestras dificultades. En cambio, a las cualidades que forman parte esencial de quienes somos no solemos darles importancia; decimos «¡bah, no es para tanto!» o «¡ya, pero no es ningún mérito, es que soy así!». Es fácil que la percepción que tenemos de nosotras mismas esté dominada por los síntomas del TDAH y las dificultades que nos causan, y que ni siquiera tengamos en cuenta nuestros puntos fuertes y nuestros rasgos de carácter más estables. Cuando pasamos por alto estos rasgos estables y fundamentales, no tenemos la oportunidad de desarrollarlos y construir sobre ellos, y por tanto no tenemos la sensación de que haya en nosotras partes fundamentalmente sólidas con las que podamos contar cuando de verdad lo necesitamos.

«Pruébate» nuevos sueños

En esta etapa del viaje hacia la luz, queremos que «te pruebes» nuevas ideas, narrativas e imágenes de ti como si te probaras ropa de distintos estilos. Probártela no te compromete a quedarte con ninguna prenda; solo estás jugando a ver qué aspecto tienes con unas y con otras. Quizá al mirarte al espejo te entre la risa, y descartes la mayoría de ellas, pero, como estás abierta a todas las posibilidades, tal vez inesperadamente encuentres alguna que refleje a quien de verdad eres ahora.

Con el mismo espíritu lúdico, permítete disfrutar sacando del armario algunos viejos sueños para ver cómo te sientan. Decide si algunos servirían con unas pequeñas modificaciones, cuáles merece la pena actualizar, cuáles descartas por completo y cuáles vas a volver a guardar para que sigan siendo una entrañable fantasía. La clave es que te lo tomes como un juego, porque eso te permitirá «resistirte a la resistencia» a aceptar una narrativa de ti más expansiva. Ese espíritu lúdico te permitirá bajar la guardia y, sencillamente, experimentar.

Vístete de tus sueños y esperanzas

Para poder actualizar algunos sueños de toda la vida, conviene que empieces por identificar qué tipo de soñadora eres y qué relación tienes con tu sueño más anhelado, o que has descartado más veces, o que está aún por descubrir. La mayoría teníamos grandes sueños cuando éramos niñas. En algunos casos, eran fantasías basadas en superheroínas, o en nuestra madre, o en lo que veíamos en la televisión, o en nuestra profesora o tía favoritas. En otros, nuestros primeros sueños se basaban en talentos o intereses apasionados que habíamos descubierto en nosotras en la vida real, y puede que esto nos hiciera alimentar la secreta esperanza de hacerlos realidad un día. También es posible que algunas, muy pronto, dejáramos de lado nuestros sueños porque las circunstancias de la vida eran demasiado duras y no podíamos permitirnos el lujo de perseguirlos. Y tal vez otras hayamos vivido siempre tan absorbidas en los detalles de la vida cotidiana que nuestros sueños y esperanzas acabaron enterrados bajo una montaña de listas de cosas por hacer.

En las primeras fases de la edad adulta, a menudo las mujeres con TDAH nos sentimos perdidas y desanimadas porque no sabemos cómo avanzar hacia una visión futura de nosotras mismas. Muchas no tenemos claro por dónde empezar o tenemos dificultad para identificar nuestra vocación o nuestros sueños e intereses.

Una clienta, Jennifer, nos escribió diciendo:

Para mí, el mayor problema no es cómo organizarme, sino la sensación de que se me ha privado del derecho a tener sueños y esperanzas.

Esta afirmación refleja un hecho frecuente en las mujeres con TDAH y que, a largo plazo, tiene efectos muy perjudiciales. Abandonar nuestros sueños y esperanzas puede quitarnos poco a poco la energía y la motivación y hacer que todo nos cueste un esfuerzo enorme. A los seres humanos, sentir que nuestra vida tiene un propósito nos da vitalidad y nos libra de la desesperanza. Por eso, para que el tratamiento del TDAH sea eficaz en las personas adultas, una parte esencial es que descubran un propósito que dé sentido a las experiencias de su vida.

Visualizar un futuro atractivo y tener un sentimiento de propósito nos estimula y activa, lo cual es primordial para las personas adultas con TDAH, que tenemos un cerebro ávido de estímulos intensos que lo aviven. Por tanto, averiguar qué nos aporta una sensación de propósito, significado y dirección es más que una actividad gratificante. Descubrir qué nos aviva e ilumina es fundamental para regular el cerebro del TDAH.

Lo más importante que debe evaluarse durante el tratamiento no es si, gracias a la medicación, esa persona es ahora más puntual o si los papeles ya no se le amontonan sobre el escritorio. Aunque es necesario tratar específicamente los síntomas del TDAH, el tratamiento debe incluir también preguntas como: «¿Estoy avanzando hacia un sentimiento de mayor autenticidad? ¿Siento que mi vida tiene más sentido? ¿Soy más consciente de las esperanzas y los sueños que me hacen sentirme viva?».

Visualizar un futuro atractivo y tener un sentimiento de propósito nos estimula y activa, lo cual es primordial para las personas adultas con TDAH, que tenemos un cerebro ávido de estímulos intensos que lo aviven. Por tanto, averiguar qué nos aporta una sensación de propósito, significado y dirección es más que una actividad gratificante. Descubrir qué nos aviva e ilumina es fundamental para regular el cerebro del TDAH.

Cuatro tipos de sueños

Al mirar ahora tus sueños de niña y de adolescente, quizá haya algunos que quieras bajar de la estantería y reavivar, y otros que quieras guardar para siempre en la caja de los recuerdos entrañables. Sea cual sea la relación que tengas con tus primeros sueños, es importante que descubras cuánto tienen que ver con quien eres ahora, para que puedas plantearte qué quieres hacer con ellos.

Es como cuando revisas la ropa que tienes en el armario (una tarea que tememos las personas con TDAH). Quizás de entrada te abrume la idea de poner orden en toda esa ropa que has acumulado con los años. Tal vez te cause malestar ver que hay prendas en las que ya no cabes y otras te hagan sentir nostalgia de una época que recuerdas con especial cariño. También habrá posiblemente prendas que será una alegría y una sorpresa encontrar, que se habían quedado al fondo del armario y de las que te habías olvidado por completo. Al mirarlas con atención, ves que con unos pequeños arreglos puedes volver a darles uso porque expresan a la mujer que eres ahora. Por otro lado, habrá prendas de las que no te costará nada desprenderte. Aunque al principio te diera pavor y no supieras ni por dónde empezar, es probable que al terminar este proceso de clasificación y descubrimiento te sientas más ligera, más libre y más relajada.

Ahora te sugerimos que, como cuando pones al día el armario, revises tus sueños de tiempos pasados y los clasifiques en cuatro cajas mentales:

- Guardar pero necesita modificaciones
- Actualizar
- ¡En qué estaría yo pensando!
- Descartar y empezar de nuevo

GUARDAR PERO NECESITA MODIFICACIONES

Cuando examinamos viejas fantasías o sueños de infancia, de adolescencia o de los primeros años de la edad adulta, lo habitual es que algunos estén completamente desfasados. Sin embargo, podrían contener elementos que, con alguna que otra modificación, aún podrían valer para la fase de la vida en la que estamos. En esta caja van los sueños que todavía «te sientan bien», y que hablan de tus auténticos talentos y pasiones pero que es necesario adaptar a quien eres ahora.

La experiencia de Margi: Nacida para cantar

Cuando Margi era adolescente, tenía muy buena voz y cantaba en el coro del instituto. Hasta soñaba con llegar a ser una estrella de Broadway. Ahora, a los cuarenta años, acepta que ya se le ha pasado la edad en la que ser una estrella de Broadway es siquiera posible. No ha cantado en público desde que estaba en el instituto, aunque en la ducha, o mientras conduce, canta apasionadamente a pleno pulmón y en secreto piensa que todavía lo hace «bastante bien».

Desde que le diagnosticaron TDAH y empezó a tomar la medicación y encontró en Internet grupos en los que ha conectado con otras mujeres que padecen este trastorno, se siente más segura y quiere dedicar tiempo y energía a cosas que la satisfagan. Y ha descubierto que algunos aspectos de aquel sueño de infancia todavía le dicen algo.

Con su coach *de TDAH, Margi estudió cómo transformar su sueño juvenil de ser cantante para darle cabida en la etapa actual de su vida. En lugar de arrinconarlo en el pasado, y que siguiera carcomiéndola por dentro cada vez que veía cantar a alguien en público, quiso cumplir ese y otros sueños y deseos, solo que dándole otra forma. Empezó a ir a clases de canto. Con el tiempo, se decidió a participar en un concurso de talentos durante la conferencia nacional sobre el TDAH, donde cantó para un público que la animó incluso en los momentos en los que le temblaba la voz. Los aplausos que recibió de todos los presentes le dieron fuerzas, y al salir del escenario se sentía revitalizada.*

Más adelante, Margi entró en un grupo de teatro a través del cual ha tenido ocasión de cantar en producciones de los espectáculos de Broadway que tanto le gustaban cuando era adolescente y en los que soñaba con poder cantar.

***Reflexión:* Guardar pero necesita modificaciones**

«Cosas con las que soñaba en mi niñez y mi adolescencia que eran verdad, y que siguen siendo verdad ahora. Sueños inspirados en cualidades o talentos que tenía realmente, o que sigo teniendo y queriendo concretar de alguna forma». ¿Hay algún sueño del pasado que te haga sentir esto?

- ☐ Sí
- ☐ No

¿Qué partes de aquellas visiones te siguen haciendo vibrar?

____

____

¿De qué forma podrían tener sentido para ti hoy, en esta época de tu vida?

____

____

____

____

ACTUALIZAR

Algunas partes de nuestros sueños no estaban del todo basadas en la realidad, sino que representaban algo esencial de nuestra personalidad que quería expresarse *de alguna manera*. Esto es lo significativo del sueño, lo que perdura a través de los tiempos; la forma concreta que adopte no es tan importante como el anhelo concreto que busca expresarse.

Por eso, puede que sea necesario comprender cuál era el significado de un determinado sueño aunque la forma original que adoptó no estuviera basada en verdaderos talentos o deseos (Solden 2002). Tal vez te gustara la idea de ser una estrella de *rock*, aunque en la práctica no tuvieras sentido del ritmo ni fueras capaz de cantar dos versos seguidos sin desafinar; pero había algo dentro de ti que siempre ha querido destacar y que lo escuchen y admiren. Quizá lo que sigue vivo en tu interior –y sigue siendo una parte fundamental de ti– son el deseo y la capacidad latente de expresarte, de despertar el interés de la gente, de estar delante de un grupo que te quiera escuchar. Tal vez anhelas «soltarte», encontrar la manera de expresarte de verdad, como no has podido hacer durante todos estos años en los que has puesto toda tu energía en tratar de controlar los síntomas del TDAH.

La experiencia de Jamie: Quiero que me vean

A diferencia de Margi, que realmente quería cantar y tenía una voz que lo hacía posible, Jamie era una joven que quería cantar pero no tenía oído. En su modalidad del TDAH, el rasgo predominante era la falta de atención, así que vivía permanentemente abstraída en sus pensamientos y era muy tímida. En sus sueños de la niñez, quería actuar, cantar o bailar, pero ahora, al volver la vista atrás, se dio cuenta de que en realidad no eran esos sus verdaderos intereses ni sueños. Lo que en realidad había querido siempre era que la vieran y la escucharan. Su verdadero sueño era tener seguridad en sí misma y dejar que la gente viera lo inteligente y creativa que era, en lugar de vivir escondida y a salvo en un segundo plano.

Jamie tenía veinticinco años cuando le diagnosticaron TDAH, y empezó a trabajar con una terapeuta. Hasta entonces se había sentido muy perdida, desanimada y con ansiedad, y aunque comenzó a sentirse algo mejor después de iniciar el tratamiento y entender cuál era la raíz de sus dificultades, seguía sin saber hacia dónde dirigir su vida. Cuando empezó a examinar sus sueños de infancia, se dio cuenta de que el elemento central de todos ellos –que la vieran y la escucharan– seguía estando muy vivo en su interior, y de que aún anhelaba cumplir esa fantasía.

Con el apoyo de su terapeuta, decidió inscribirse en un curso de oratoria, donde tuvo ocasión de practicar la lectura en voz alta. Cuando adquirió la seguridad en sí misma que necesitaba, encontró un trabajo que le daba la oportunidad de expresarse en público y empezó a hacer presentaciones muy originales ante distintos grupos de gente. Y al fin se la reconoció como la joven creativa que siempre había sido.

Reflexión: Actualizar

«Mis sueños de infancia y de adolescencia eran más que nada una fantasía, una representación de cualidades o experiencias que me entusiasmaban, pero que no apuntaban a objetivos realistas. Sin embargo, hay elementos de esos sueños que aún me hacen vibrar, y quiero entenderlos más profundamente para descubrir *de qué manera* podría hacerlos realidad en este momento». ¿Te dice algo esta definición?

- ☐ Sí
- ☐ No

¿Qué representaban tus sueños del pasado? ¿Qué temas o deseos destacan en ellos?

____

____

____

¿Se te ocurre alguna manera de reinterpretar los hilos conductores de aquellos primeros sueños y cómo podría plasmarse en la actualidad el propósito que había detrás de los sueños originales?

____

____

____

¡EN QUÉ ESTARÍA YO PENSANDO!

Hay sueños, intereses y objetivos que tuvimos en algún momento del pasado con los que nos ocurre lo mismo que cuando revisamos el armario y encontramos un montón de prendas que nos hacen exclamar: «¡Pero en qué estaría yo pensando cuando compré todo esto! ¡Mira que estaba perdida! ¡Qué horror! ¡No tienen nada que ver conmigo!». Al mirar atrás, muchas mujeres con TDAH nos damos cuenta ahora de que no teníamos una imagen de cómo sería nuestro futuro. Incluso aunque tuviéramos sueños o deseos, eran ideas fantasiosas más que cosas concretas mínimamente realistas.

Tal vez nunca te preguntaste qué querías de verdad. O tal vez, inesperadamente, los síntomas del TDAH te hicieron perder el rumbo y se desbarataron tus intenciones originales. Tal vez nunca llegaste a averiguar qué querías hacer, por muchas veces que te lo preguntaste, o tal vez fuiste pasando de una cosa a otra porque nunca sentías una atracción especial por ninguna de ellas. Puede que nunca te hayas permitido tener sueños; quizá creías que pensar en esas cosas era un lujo que no te merecías o que no podías permitirte, a la vista de otras exigencias y circunstancias de la vida.

La experiencia de Eliza: Soñar por primera vez

Eliza había tenido una vida muy dura. Además de las dificultades que le causaba el TDAH –que aún no le habían diagnosticado y sobre el que ella no tenía la menor idea–, fue su abuela quien la crio, y desde muy pequeña Eliza tuvo que ayudarla a llevar la casa. El hecho de que fuera una niña desorganizada que continuamente perdía las cosas hacía que nadie reparara en lo inteligente que era. En clase le costaba mucho prestar atención porque no dormía lo suficiente. Estaba decidida a sacar buenas notas, así que se quedaba estudiando hasta muy tarde, además de ocuparse prácticamente de todas las tareas domésticas y de haber empezado a trabajar después de clase en cuanto entró en la adolescencia.

En el instituto, la mayor parte del tiempo se la veía distraída y nerviosa, pero nadie sabía lo difícil que le resultaba sacar unas horas para estudiar ni todo lo que trabajaba además cada día. Su prioridad era ayudar a que su abuela y ella consiguieran sobrevivir. Quería complacer a sus profesores y a su abuela sacando buenas notas, pero nadie la ayudó a visualizar un posible futuro ni a comprender aquellas tendencias derivadas del TDAH que le hacían la vida aún más difícil. Aunque empezó a estudiar en un centro de formación técnica al terminar el instituto, pronto tuvo que dejarlo para ponerse a trabajar a jornada completa; de todos modos, el nivel de escritura y de lectura que se exigía en clase le resultaba excesivo.

Eliza dejó de hacerse preguntas fundamentales y siguió adelante con su vida. Al cabo de veinte años, después de haber tenido tres hijos, dos maridos y cantidad de trabajos insustanciales, el médico que le diagnosticó TDAH a uno de sus hijos se dirigió seguidamente a ella y le preguntó: «¿Se te ha ocurrido que quizá esta sea también la razón de algunas de esas dificultades tuyas de las que me has hablado?».

A Eliza le diagnosticaron TDAH, tras lo cual empezó un tratamiento médico, leyó numerosos artículos sobre este trastorno en las mujeres y, después de tantos años sintiéndose deprimida, empezó a trabajar con una asesora especializada. Cuando en una de las sesiones la asesora le preguntó: «Eliza, ¿tú qué quieres?», se quedó sin habla. Hacía mucho tiempo que no se planteaba esta clase de preguntas. Durante muchos años, encontrar la forma de sobrevivir la había tenido ocupada por completo. No tenía ni idea de si había algo que le hubiera gustado hacer, ni de cómo responder a esa pregunta. «¿Qué quiero, yo, Eliza?».

Reflexión: ¡Pero en qué estaría yo pensando!

«Nunca he tenido ningún sueño; o he tenido muchos, pero cambiaban constantemente y ninguno llegaba a cuajar». ¿Te dice algo esta afirmación?

- ☐ Sí
- ☐ No

¿Cómo podrías hacer un hueco en tu vida para probar nuevas nociones y experiencias?

____

____

____

____

Piensa en algo que a lo largo del tiempo te hubiera gustado probar a hacer, pero hasta ahora nunca has dispuesto de tiempo o de medios para hacerlo.

____

____

____

____

DESCARTAR Y EMPEZAR DE NUEVO

A veces, después de producirse un cambio importante en nuestra vida –personal o profesional–, abrimos el armario y tenemos la impresión de que nada de lo que hay en él encaja ya con nosotras. ¿Te ha pasado alguna vez? Quizá hay prendas que llevaste a alguna celebración o acontecimiento memorables, y otras que te despiertan cierta nostalgia, pero sabes que ahora eres otra y que ha llegado el momento de decirles adiós.

Incluso aunque tus sueños de antaño se cumplieran, tal vez las cosas hayan cambiado radicalmente y necesites una perspectiva nueva. Es lo que ocurre muchas veces cuando alguien se jubila, cambia de profesión o se va a vivir a otro país. Quizá miras tu armario y piensas: *Este era un vestuario estupendo hace diez años; ahora soy una persona distinta.* O: *Antes los niños eran pequeños y me quedaba con ellos en casa, y ahora soy abogada de empresa.* O: *Antes era abogada de empresa, y ahora soy pintora y vivo en el campo.*

De la misma manera, es posible que en una etapa anterior hayas visto cumplirse tus sueños de adolescente, pero ahora las cosas hayan cambiado. Puede que tu pareja haya muerto, hayas tenido una enfermedad grave, te hayas trasladado a otra parte del país, te hayas vuelto a casar, hayas cambiado de trabajo, te hayas quedado sin trabajo, hayas sido madre, tengas nuevos intereses...

Ahora que te han diagnosticado TDAH, y estás en tratamiento y han empezado a curarse las heridas, quizá estés preparada para desarrollar facetas de ti en las que, debido al TDAH, ni siquiera sabías que tuvieras capacidad de enfocarte. Tal vez, para ahora, hayan quedado obsoletas algunas ideas que tenías de ti y de quién podías ser y hasta dónde podías llegar en el mundo.

La experiencia de Laura: Nuevos sueños para una nueva vida

Aunque Laura había soñado con ser profesora desde que era niña, y cumplió su sueño, muchos años después descubrió que necesitaba un sueño nuevo. Se casó, se mudó a Inglaterra con su marido –que tenía que pasar un año allí por motivos de trabajo—, y al cambiar de país se dio cuenta de que había otra faceta suya a la que ahora al fin podía prestar atención.

Laura necesitaba reciclarse, dado que el mundo de la tecnología había cambiado mucho desde que había estudiado informática, así que se apuntó a unas clases de diseño de páginas web, para lo cual descubrió que tenía una habilidad natural. Cuando regresaron a Estados Unidos, decidió cambiar de profesión y empezó a crear sitios web para empresas; por supuesto, con la ayuda de una asistente que se ocupaba de contactar a los clientes y de llevar cuenta de los pedidos. Aunque le había encantado ser profesora, la presión de trabajar en el sistema escolar siempre le había generado mucha tensión. Ahora quería probar a abrirse camino en un terreno diferente y a trabajar con personas adultas.

Reflexión: Descartar y empezar de nuevo

«¡Mi vida ha cambiado tanto! No soy la misma que era, y los sueños que antes tenía ya no me dicen nada». O: «Ya he cumplido mis sueños lo suficiente. Es hora de volver a empezar». ¿Tienen algo que ver contigo estas frases?

- ☐ Sí
- ☐ No

En lo que has vivido hasta ahora, ¿ha habido elementos o experiencias que te hayan parecido de verdad interesantes y que te gustaría reutilizar para crear algo nuevo?

____

____

Mientras has estado ocupada haciendo otras cosas, ¿ha habido sueños (o partes de sueños) a los que en esos momentos no prestaras demasiada atención y que quieras retomar y desarrollar ahora? Si es así, examínalos y escribe sobre ellos.

____

____

____

____

Atrapa o despierta tus sueños

Es fundamental que encuentres tiempo y espacio para que tu sueño pueda definirse y las nuevas visiones tomen forma. Como pasaba con aquellas viejas fotos Polaroid que iban revelándose lentamente ante tus ojos, tal vez también ahora tengas que esperar con paciencia hasta que aparezca una imagen nítida de tu sueño. Y esto requerirá que te concedas tiempo, y espacio emocional y mental, para dejarte vagar por el mundo de las posibilidades.

El primer paso para establecer contacto contigo misma y formular cualquier clase de visión es encontrar un espacio tranquilo, donde nadie vaya a molestarte y te sientas cómoda y relajada. Dado que este trabajo requerirá que te alejes de tu rutina habitual para dejar que tu mente explore e imagine con calma y en silencio, de entrada puedes probar a dedicarle períodos breves e ir prolongándolos poco a poco.

Como quizá te resulte nueva esta tranquila «distracción intencionada» (¡también llamada creatividad!), es posible que al principio te sientas un poco incómoda, sobre todo si, como mujer con

TDAH, estás acostumbrada a esforzarte a todas horas por organizar en tu cerebro hasta el mínimo detalle. Esta es una oportunidad para que disfrutes pasando tiempo contigo y dejando que la mente divague. No te quedes atrapada en pensamientos como: *Ya, pero...; Esto no es práctico...; Qué va, no puedo...; Pero esto no va a pasar...*, o *Sí, ¿y de dónde saco dinero para esto?* Por una vez en tu vida, ¡invita a la distracción!, ¡úsala para soñar!

Encuentra un espacio para atrapar o despertar tus sueños

Cada una de las mujeres que vivimos con TDAH tenemos nuestras particulares preferencias sobre qué espacios nos resultan relajantes y, en nuestro caso, facilitan que la mente divague. Tal vez hay una cafetería en la que te sientes a gusto o han abierto un nuevo café al que llevas tiempo queriendo ir. Quizá hay en tu casa un rincón o una habitación que podrías convertir en un espacio al que retirarte, y que quieras decorar con velas, almohadones y alguna manta, y donde puedas poner música.

¿Hay algún amigo, o alguien de tu familia, que sin duda comprendería que quieras pasar un poco de tiempo a solas y que pueda ofrecerte su casa, o una habitación de su casa, para que hagas una especie de retiro personal? Tal vez tengas una amiga que estaría dispuesta a acompañarte en el proceso y a pasar contigo algunos días de vacaciones en un hotelito barato, donde tengáis cada una vuestra habitación y podáis pasar tiempo a solas, y a la vez compartir comidas o alguna actividad sencilla. Si hace buen tiempo, podrías buscar un parque espacioso que tenga mesas, o tender una manta en la hierba, y relajarte al aire libre. Incluso la bañera puede ser un buen sitio, si es el único en el que puedes estar a solas. La clave está en encontrar un espacio que te ayude a despertar tu capacidad de soñar.

Encuentra tiempo para atrapar o despertar tus sueños

Tal vez, como tantas personas, tengas una facilidad natural para dejar vagar la mente o soñar despierta. Sin embargo, si estás entre aquellas a las que les cuesta prestar atención, podría parecerte un poco arriesgado darte deliberadamente permiso para distraerte, sobre todo si estar distraída es algo que en el pasado te ha creado problemas. O tal vez, por el contrario, te resulta difícil, o incluso muy poco tentador, dedicarte un poco de tiempo a ti misma en el que dejar volar la imaginación y visualizar tus sueños, porque estás agotada tras el esfuerzo que te cuesta sobrellevar el TDAH o simplemente prefieres un método de trabajo más «racional» para resolver tus problemas.

Sea cual sea tu actitud respecto a la ensoñación, es importante que pruebes esta actividad. Dedícale de entrada solo unos minutos y vete prolongando el tiempo hasta llegar a diez minutos al día o una hora a la semana. ¡O dedícale ahora mismo una o dos horas de un tirón! ¿Dices que no tienes tiempo? ¡Puedes hacer estos ejercicios en la ducha!

Cuando tenemos TDAH, es muy importante que averigüemos cuál es nuestro patrón personal de fluctuaciones energéticas (de la energía mental y física) a lo largo del día, así como en qué lugares y momentos tenemos menos interrupciones o posibilidades de que algo requiera nuestra atención.

También es posible que (en cualquier momento del día) espontáneamente se te ocurran ideas al leer una frase inspiradora en algún libro, o al escribir en tu diario, o al recordar visiones interiores que hayas tenido. Si ocurre, permítete simplemente detenerte en ellas un poco más de lo habitual.

Descubrimiento: ¿Qué te inspira?

He aquí algunas sugerencias más de cómo podrías registrar tus ensoñaciones. ¿Te parece que alguna de ellas podría servirte?

- ☐ Utiliza la aplicación de notas o la grabadora de voz de tu teléfono móvil para registrar una idea o experiencia que hayas tenido y que quieras recrear o expandir.
- ☐ Haz fotos a objetos y lugares que te despierten interés.
- ☐ En las redes sociales, sigue las cuentas de personas y organizaciones que te inspiren o estimulen.
- ☐ Crea un tablero en Pinterest con ideas, imágenes y recursos relacionados con una idea o posibilidad.
- ☐ Lleva un diario donde escribir, dibujar, hacer un *collage* o plasmar de cualquier otra forma las distintas facetas de tus ideas, sueños y visiones de futuro.
- ☐ Arranca páginas de revistas donde encuentres artículos o imágenes inspiradoras y colócatelas a la vista.

Sigue el hilo de las conexiones

A veces, hasta que echamos la vista atrás no conseguimos encajar todas las piezas. Suele haber hilos que conectan los sueños de nuestra niñez con aspectos de lo que luego ha sido

> ***A veces, hasta que echamos la vista atrás no conseguimos encajar todas las piezas. Suele haber hilos que conectan los sueños de nuestra niñez con aspectos de lo que luego ha sido nuestra vida mucho más adelante.***

nuestra vida mucho más adelante. Esto es así incluso en nuestro caso, el de las autoras. Los dos relatos siguientes cuentan cómo recientemente, al mirar atrás, cada una descubrimos los hilos que han atravesado toda nuestra vida y nos han traído hasta donde estamos hoy, dedicándonos a lo que nos dedicamos, y explican lo que hemos entendido sobre esto.

La experiencia de Michelle: Conectar los sueños de infancia con la profesión actual

En tercero de primaria, un día nos preguntaron qué queríamos ser de mayores. Yo contesté que quería ser profesora, escritora o pianista (es decir, alguien que toca el piano, no lo que entendieron mis compañeros…, en fin, cosas de la edad).[*] *Según terminé de responder, me dio mucha vergüenza lo que había dicho. Me pareció que sonaba ridículo y me sentí mal por pensar en cosas tan tontas, y peor aún por expresarlas delante de mis compañeras y compañeros. Al final, parecía que yo era siempre la rara de la clase. Aquel día, los demás dieron todos respuestas «normales»: las niñas querían ser, por ejemplo, enfermeras, y los niños, bomberos; ¡y yo tuve que decir que quería ser pianista!*

Poco después, el TDAH se interpuso en mi camino y me lo impidió. Me costaba practicar con constancia y se me olvidaban cosas que había estudiado a fondo. Así que, como era de esperar, el piano y las clases de solfeo desaparecieron de mi vida y rápidamente pasé a mi siguiente interés.

Durante muchos años, quise ser profesora o escritora. Era comprensible: a mis profesoras y profesores les caía bien, y los libros eran para mí auténticos amigos. También pensé en ser veterinaria, porque los animales me parecían muy tiernos y veía que aceptaban sin condiciones

* N. de la T.: En inglés *pianist*, según cómo se pronuncie, y lo que se quiera oír, puede llegar a sonar como *penis*, 'pene'.

a las personas. Pero luego, inesperadamente, al empezar el instituto mis sueños se pararon en seco.

Todavía no me habían diagnosticado TDAH, y empezó a angustiarme sentir que no encajaba y encontrarme de lleno con toda una serie de dificultades inexplicables, que me confundían y me hacían pasar vergüenza. ¿Quién tiene tiempo de soñar con el futuro, cuando a duras penas consigue sobrevivir en el presente? Sin embargo, fui afortunada y pude recibir ayuda, tener aficiones y estar en compañía de personas que creían en mí cuando a mí me resultaba imposible. Empecé a asistir a sesiones de terapia con una mujer llamada Mary, que me ayudó a verme como una chica completa y competente. Y empecé a soñar de nuevo.

Mary fue la razón de que, a los quince años, decidiera que quería ser psicóloga. Al fin y al cabo, tenía algo que demostrarme a mí misma; y cuando una mujer con TDAH tiene una causa profundamente personal, ¡cuidado, mundo! Terminar los estudios de posgrado fue el objetivo más enorme e importante que jamás me haya puesto; me hizo comprender que puedo confiar en mí a pesar de mis dificultades.

Lo que más me asombra y me conmueve es que, cuando miro atrás, veo que muchos de los sueños que tenía de niña y de adolescente siguieron en mí y se manifestaron de forma indirecta, incluso cuando yo pensaba que habían desaparecido por completo o me sentía demasiado incompetente como para intentar hacerlos realidad. El trabajo que ahora hago conlleva en parte enseñar, leer y hablar en público, así que, al final, tengo algo de profesora. Cuando estudiaba en la universidad me encantaba hacer trabajo desinteresado, y en la actualidad colaboro estrechamente con la Asociación de apoyo a personas con TDAH (ADDA). También he llegado a ser escritora y, obviamente, psicóloga. Todo esto viene a decir que, a veces, las mujeres con TDAH tenemos sueños que ni siquiera reconocemos como tales, que no nos permitimos fantasear lo suficiente como para reconocer que al menos una pequeña parte de nuestros sueños de infancia se ha hecho realidad o que algunos quizá todavía tengan la oportunidad de materializarse. Al principio, pensé que ser psicóloga significaba haber dicho adiós a ser escritora, profesora, creativa o administradora de una organización sin ánimo de lucro. Me dije que había tirado la toalla por miedo a descubrirme incapaz de hacer realidad mis auténticos sueños, y que esto significaba a su vez que nunca llegarían a manifestarse las partes de mí y de mi vida que más valoro. Hasta que volví la vista atrás a mis sueños de infancia, no me di cuenta de que en realidad, sin proponérmelo, había acabado entrando de cabeza en ellos. A pesar del miedo a que fueran pura fantasía, o de las dudas sobre si tendría o no capacidad para alcanzarlos, resulta que mis sueños estaban presentes todo el tiempo.

La experiencia de Sari: Cambios y más cambios

Uno de mis primeros recuerdos es de estar sentada a los seis años delante de la mesa de mi habitación, con un jardín de rosas al otro lado de la ventana, escribiendo relatos muy sencillos sobre un futuro en el que era psiquiatra y ayudaba a una niña a superar su miedo a los perros. En aquel tiempo, veía cada año la gala de los Óscar y soñaba con alcanzar esa clase de éxito algún día. Me pasé los años previos a la adolescencia bailando en el salón de casa al son de la música de Broadway y cantando y representando los distintos papeles.

¿Qué significado veo en estos sueños al mirar atrás? Sin duda, siempre he tenido necesidad de expresarme, ya fuera ante la gente o escribiendo, y siempre he tenido el deseo de ayudar a quienes se encontraban en situaciones difíciles. En tercero de primaria, me quedó claro que cantar no era mi fuerte, al ver que en clase de música ¡me pedían que me limitara a pronunciar la letra sin intentar entonarla! Así que tuve que canalizar algunos deseos en una nueva dirección.

Aunque en la universidad tuve algunas clases de radio y televisión, al final me incliné por las cuestiones de salud mental, por escribir y por expresar mis ideas delante de un público. Tuve que seguir amoldando mis visiones a la realidad, pero también pude seguir avanzando hacia una sensación de mí misma cada vez más auténtica.

Descubrimiento: **Ideas de infancia sobre tu futuro**

Esta es una lista de roles y profesiones que incorporamos con facilidad a nuestros primeros sueños y visiones del futuro. Marca cualquiera de ellos que recuerdes haber imaginado o que continúe vivo.

- ☐ Estrella del *rock*
- ☐ Periodista, escritora
- ☐ Presidenta o ministra del gobierno
- ☐ Documentalista
- ☐ Estrella del fútbol, atleta
- ☐ Maestra, profesora, entrenadora
- ☐ Enfermera, médica, técnica en urgencias médicas
- ☐ Mentora
- ☐ Madre
- ☐ Música
- ☐ Actriz, intérprete, cómica
- ☐ Consejera, asesora
- ☐ Cuidadora de personas, plantas o animales
- ☐ Diseñadora de moda, interiorista o artista gráfica
- ☐ Artista, ilustradora, pintora, diseñadora de joyas, ceramista

- ☐ Cocinera, panadera
- ☐ Bibliotecaria, dependienta o propietaria de una librería
- ☐ Arquitecta, trabajadora de la construcción, constructora de cosas interesantes
- ☐ Abogada defensora
- ☐ Viajera del mundo
- ☐ Veterinaria, zoóloga
- ☐ Líder de algún tipo
- ☐ Oradora o personaje público
- ☐ Otros ______________________________
- ☐

Reflexión: Atar los cabos sueltos

Si sigues sin encontrar nada de tu presente que te conecte con el pasado, tal vez estas sugerencias te ayuden a recordar alguno de tus sueños de infancia y adolescencia y a descubrir si la esencia de alguno de ellos continúa viva en ti.

¿Encuentras alguna conexión entre los sueños y experiencias de tu infancia y cómo ha sido tu vida hasta ahora? ¿Cuál podría ser?

____

____

____

____

¿Qué lecciones o experiencias te ha aportado haberte desviado de aquello con lo que soñabas, experiencias o lecciones por las que te sientas agradecida y que probablemente no se habrían dado de otra manera?

___

___

___

___

La experiencia de Jessica: ¡La curiosidad le salva la vida!

Cuando Jessica era niña, le interesaba todo. Su padre y su madre solían decirle en broma: «¡Acuérdate, Jessica, de que la curiosidad mató al gato!». Los dos eran médicos y nunca ocultaron sus aspiraciones de que su única hija, una niña brillante, siguiera sus pasos.

Y sí, a Jessica le interesaban las ciencias..., lo mismo que las matemáticas, el fútbol, el diseño de ropa, sus amigas, ser candidata a delegada de clase y la lectura. ¡Tenía tantos sueños! Un día sería una científica famosa que descubriría la cura del sida. Otro sería médica y atendería a las víctimas de los terremotos en países extranjeros. Otro sería astronauta, o la primera presidenta del país. ¡Estaba claro que sueños no le faltaban! El problema era que tenía muchos y quería cumplirlos todos.

Durante la adolescencia, Jessica demostró notables aptitudes en la mayoría de las asignaturas que coincidían con sus intereses. Sin embargo, su trayectoria académica se encontró con el obstáculo de un TDAH no diagnosticado que afectó a su capacidad para aplicar eficazmente los conocimientos en un entorno práctico. Cuando llegó el momento de elegir universidad, fue una auténtica tortura. No tenía ni idea de lo que quería, y al final optó por una universidad de artes liberales, donde pensó que tendría más posibilidad de explorar distintas materias y tomar una decisión.

Pero pronto el TDAH volvió a jugarle una mala pasada; tenía que elegir una especialidad y no sabía cuál; no entendía por qué debía elegir una sola cosa y cambió de especialidad varias veces. Lo que ella realmente habría querido hubiera sido estudiar una carrera que combinara todo lo que le interesaba. Al final, se le ocurrió confeccionarse un programa de estudios independiente: estudiar medicina en un país extranjero donde pudiera, además, ayudar a las mujeres a montar pequeños negocios relacionados, por ejemplo, con la agricultura y la venta de artesanía. Sus asesores académicos no estaban tan entusiasmados con la idea como ella.

Finalmente, con algunos años de retraso, Jessica se licenció en Física y Sociología. Pensó en hacer estudios de posgrado, pero la presión era excesiva y había demasiadas cosas que le interesaba hacer. A continuación, una vez más, a causa del TDAH se encontró sumida en la indecisión.

Jessica se dio un respiro y pasó un año en un entorno urbano dando clases particulares de matemáticas y ciencias a niños y niñas de primaria. Luego conoció a Matt, que tenía que viajar constantemente por motivos de trabajo, y juntos recorrieron el país. Tuvieron dos hijos, y ella pronto se convirtió no solo en asistente de la profesora de educación preescolar y en presidenta de la Asociación de Madres, Padres y Profesores, sino en la asistente y presidenta más creativa de la historia del colegio.

Cuando sus hijos llegaron a la adolescencia, Jessica se sentía vacía y algo deprimida y resentida. Tras consultar a un psiquiatra sobre la posibilidad de empezar un tratamiento con antidepresivos, se quedó muy sorprendida cuando él le diagnosticó TDAH y le recetó los medicamentos pertinentes. Fue entonces cuando empezó a trabajar con una terapeuta y a atar todos los cabos sueltos de su vida y de sus aptitudes. Le hicieron un sinfín de pruebas psicológicas, y las evaluaciones revelaron que, aunque tenía falta de atención, era también excepcionalmente inteligente. Suele denominarse a esto «doble excepcionalidad», lo que significa que una persona tiene algunas dificultades, derivadas del TDAH o de otro tipo de problemas de aprendizaje, pero es a la vez muy inteligente o incluso superdotada. Esta desconcertante diferencia entre capacidades y dificultades puede confundir hasta a los profesionales de la salud física y mental, y hacer que a las personas con doble excepcionalidad no se las identifique ni comprenda, por lo que no siempre reciben la ayuda que necesitan.

Tener conciencia de esto le cambió la visión de sí misma y de su vida. Cuando sus hijos se fueron a la universidad, ¡ella también se puso a estudiar! Pensó que ahora le tocaba a ella cumplir sus sueños y desarrollar su talento. Se matriculó en una escuela de posgrado en Salud Pública y, con el tiempo, participó en el diseño de un programa para ayudar a las mujeres de los países en desarrollo a poner en marcha sus propios negocios vendiendo lo que cosían y creaban.

Conclusiones útiles sobre el TDAH que podemos sacar de este capítulo

- Permítete imaginar, jugar con las posibilidades, ampliar tus opciones, y «pruébate» nuevas ideas sobre ti, como si fueras una niña y jugaras a disfrazarte y a representar personajes de fantasía.

- Empieza a reavivar, capturar, modificar o actualizar tus sueños de infancia y ofrécete un futuro auténticamente atractivo hacia el que avanzar.

Capítulo 6

Restaura la plenitud

Avanza hacia una visión auténtica

Podemos empezar a vernos a nosotras mismas como seres humanos complejos y completos, en lugar de incompletos o fragmentados o de tener una imagen distorsionada de quienes somos. Con esto no queremos quitar importancia a las dificultades derivadas del TDAH. No estamos diciendo que el TDAH sea un regalo. No se trata de que te vayas al otro extremo. Pero lo que sí puedes hacer es cambiar la perspectiva desde la que te miras y decir: «Hay muchas piezas distintas que constituyen lo que soy, como les ocurre a todos los seres humanos. Tal vez sea un poco más difícil agrupar las mías en un conjunto armonioso o en una imagen de mí misma cohesionada, pero ahora que me han diagnosticado TDAH y tengo clara esta pieza, puedo hacer lo posible por que se revelen otras partes de mí que han estado enmascaradas o desatendidas, o que he malinterpretado, o que sencillamente me han pasado desapercibidas durante todos estos años».

No es algo que vaya a ocurrir al instante, como por arte de magia. Vernos como seres humanos completos conlleva un proceso paulatino. Una vez que sabemos y aceptamos que, como seres humanos, tenemos un rechazo natural a cambiar, podemos ser más comprensivas con nosotras mismas y avanzar con paciencia.

Lorraine es un buen ejemplo del cambio que puede producirse cuando empezamos a vernos «enteras».

La experiencia de Lorraine: Detestaba ir a las fiestas

Lorraine era profesora, y cada vez que la invitaban a una fiesta empezaba a agobiarse, porque era inevitable que en algún momento chocara con una mesa, se le derramara el vino, se olvidara de lo que estaba diciendo a mitad de frase, se le cayera la comida y, generalmente, se avergonzara y sintiera que era un desastre absoluto. Cada vez que cometía una torpeza, automáticamente se deshacía en disculpas y añadía unos cuantos comentarios autocríticos. Pensaba que, al menospreciarse públicamente antes de que nadie tuviera ocasión de criticarla, se estaba protegiendo.

Pero en realidad era una estrategia muy dañina, porque no la ayudaba de ningún modo a sentirse fuerte y proyectar confianza. Quienes la oían hacer aquellos comentarios le seguían el hilo, y Lorraine se convertía en el blanco de todos los chistes, lo cual la hacía sentirse aún peor.

Cuando empezó la terapia con una especialista en TDAH, Lorraine se dio cuenta de este comportamiento sistemático y decidió experimentar con nuevas formas de responder. Visualizaba una de las escenas típicas en que solía encontrarse cuando iba a una fiesta y, por así decir, reprogramaba lo que sería su respuesta automática; de este modo, estaba preparada para la siguiente vez que, inevitablemente, se le cayera la comida, por ejemplo. Y, efectivamente, la siguiente vez que ocurría, Lorraine era capaz de tomárselo con humor, recoger la comida que se le había caído y, sin darle mayor importancia, retomar la conversación. Así, descubrió que a sus interlocutores les interesaba mucho más oírla hablar de su pasión por la docencia y de lo necesario que es ser paciente con cada niño y niña que de lo torpe que era porque se le había caído una galletita.

Cuando tuvo el valor para detenerse y vio lo limitado que era su discurso habitual sobre sí misma, pudo adoptar una perspectiva integral de quien era y afirmarse de un modo más acorde con la realidad y mucho más productivo. «Es cierto que suelo chocar contra los muebles y que se me caen las cosas de las manos, y también es cierto que la gente no parece ni darse cuenta, sobre todo si en ese momento estamos hablando de sus hijos y estoy dándoles alguna indicación». Lorraine tenía finalmente una visión de sí misma mucho más completa.

Una imagen más completa de quien eres

Los seres humanos tendemos a encasillarnos. Desde la niñez, con frecuencia tenemos la idea de que somos personas listas o tontas, organizadas o caóticas, alegres o tristes, buenas o malas. O tal vez hoy pensamos que somos buenas, mañana por la mañana pensamos que malas, y por la tarde somos buenas de nuevo. Esta forma de contemplarnos, en términos radicalmente contrapuestos, hace que nos pasemos el día saltando de un extremo al otro y que, en lugar de dirigir nuestra vida con pensamientos y acciones intencionales, vivamos dominadas por la reactividad. Esto significa, a su vez, que lo que nos contamos y contamos a los demás sobre quiénes somos como individuos –y como mujeres con TDAH– es un discurso sin base sólida. Pero podemos aprender a reescribir lo que nos contamos sobre nuestra vida. Podemos abandonar la idea de que son nuestras «torpezas» lo que nos define y de que nuestra identidad está determinada por las dificultades derivadas del TDAH (White y Epston 1990).

Sanar significa restaurar la plenitud. Para sanar, debemos ser capaces de incluir todo lo que somos en una imagen completa que abarque un conjunto de características muy diversas. Es decir, debemos dejar de enfocarnos solo en nuestras dificultades o solo en nuestros puntos fuertes, ya que cada una somos un ser humano complejo. Al recordar que los seres humanos somos todos imperfectos, te será más fácil crear un relato integral de la persona que eres.

Para sanar, debemos ser capaces de incluir todo lo que somos en una imagen completa que abarque un conjunto de características muy diversas. Es decir, debemos dejar de enfocarnos solo en nuestras dificultades o solo en nuestros puntos fuertes, ya que cada una somos un ser humano complejo.

Los seres humanos cambiamos con frecuencia de perspectiva, nos cambia el estado de ánimo, tenemos períodos de irracionalidad y períodos de claridad. A veces le gritamos a alguien querido y nos sentimos mal, y a veces somos extremadamente amables con alguien a quien no conocemos. Somos diferentes en unos momentos y en otros, incluso a lo largo de un mismo día. Y esta complejidad es aún mayor cuando, a causa del TDAH, nuestro cerebro fluctúa y reacciona atendiendo a las condiciones precisas en que esté operando en cada momento.

Cuando nos gobierna el pensamiento dicotómico –y todo es o blanco o negro– porque magnificamos un solo aspecto de quienes somos y descartamos los demás, incurrimos en una visión *reduccionista*, es decir, en una simplificación exagerada de una realidad compleja, que acaba empequeñecida o distorsionada. Acabamos por reducirnos literalmente a un solo atributo –simplificado o xagerado–, y ese atributo es, por lo general, el conjunto de nuestras dificultades relacionadas con el TDAH. Para poder avanzar y tener una perspectiva más completa de quienes somos, lo primero es dar un paso atrás y tomar distancia. Una vez que abandonamos la perspectiva reduccionista y permitimos que haya espacio desde el que poder tener una perspectiva nueva, de esto nacerá un discurso más expansivo. Expandir la visión para que abarque más elementos de quien eres (el TDAH incluido) te hará tener un concepto más equilibrado de ti misma.

Completa la imagen de ti

Es posible que tengas una idea muy clara de qué dificultades te crea el TDAH. En realidad, es probable que tengas una idea incluso demasiado clara de cuáles son, por la importancia que siempre les has dado. Pero también es probable que haya en ti elementos que constituyen un punto ciego o que son de difícil acceso. Así que ahora, para completar tu imagen, vas a concederles la misma importancia a los puntos fuertes, los sueños y aquellos atributos personales que reflejen tu potencial y tu valía.

Reflexión: **Un paso hacia la integración**

He aquí varias preguntas que te ayudarán a considerar y evaluar diversos aspectos de tu vida con TDAH, como tus habilidades, dificultades, atributos personales y valores. Léelas una a una y escribe a continuación todo lo que te venga a la mente.

Puntos fuertes

¿Cuáles son tus habilidades más destacadas? ¿Qué es lo que haces auténticamente bien y te sale de forma natural?

____

____

____

¿Qué podrías enseñar o aportar a los demás?

____

____

____

¿Qué habilidades o talentos has desarrollado a lo largo de los años?

____

____

____

Dificultades causadas por el TDAH

¿Qué síntomas del TDAH te resultan más problemáticos?

____

____

____

Describe situaciones o dificultades concretas que estos síntomas provoquen mientras te ocupas de tus quehaceres diarios o cuando intentas dar un paso y cambiar de perspectiva.

____

____

____

Siendo realista, ¿de qué formas concretas crees que podría seguir manifestando el TDAH en tu vida aunque estuvieras tomando medicación y contaras con el apoyo y las herramientas adecuados?

____

____

____

Atributos personales

¿Qué te hace ser tú?

____

____

____

¿Cómo respondes a los altibajos de la vida cuando te encuentras en condiciones óptimas?

____

____

____

¿Qué te da fuerzas para seguir adelante? ¿Hay algo dentro de ti que, cuando estás en contacto con ello, hace que todo sea diferente?

____

____

____

¿Qué es lo que más aprecias de ti?

____

____

¿Cómo te describirías si fueras el personaje de un libro?

____

____

____

¿Cuáles te parece que son, desde siempre, tus cualidades más valiosas (perseverancia, determinación, sentido del humor, una perspectiva fuera de lo común, firmeza, amabilidad, sensibilidad, bondad, compasión, compromiso y seriedad en el trabajo, creatividad, originalidad...)?

____

____

____

Crea un camino auténtico hacia tu futuro

A menudo omitimos experiencias o información que no concuerdan con la imagen incompleta que tenemos de nosotras mismas o con el relato que nos contamos sobre quiénes somos. Si nos enfocamos solo en nuestras carencias y dificultades, no habrá posibilidad de que se incorporen a nuestro campo de visión las experiencias positivas que vayan llegando; quedarán atrás antes de haber tenido ocasión de echar raíces y crecer. La mayor parte del tiempo, ni siquiera se nos ocurre pensar que la imagen que tenemos de nosotras y de nuestra vida esté muy lejos de abarcar la realidad completa. Es comprensible: ¡no podemos ver la imagen desde fuera si estamos dentro de ella!

Por eso, para poder cambiar la narrativa interna sobre quién eres y poder mirar desde una perspectiva nueva tu futuro, es imprescindible que te acostumbres a detenerte y a permanecer inmóvil en el instante el tiempo suficiente para asimilar nueva información. Es importantísimo que quienes tenemos TDAH aprendamos a pararnos y quedarnos quietas, pues ya sabemos cuánto nos cuesta habitualmente moderarnos («pisar el freno»), lo cual dificulta que nuestro cerebro pueda desacelerar los pensamientos, las reacciones y las conductas. Parar en seco te ayuda a salirte de la «mentalidad TDAH» el tiempo suficiente para escuchar lo que tu yo interior te quiera decir.

La experiencia de Jamie: La imagen completa

Cuando alguna vez Jamie llegaba unos minutos tarde a una reunión de trabajo, se reprochaba: «¡Soy una calamidad! ¡No sé hacer nada bien! Soy una irresponsable y una espantosa compañera de equipo». Y esta idea le daba vueltas en la cabeza durante toda la reunión. Tenía tal preocupación por que sus colegas la juzgaran que no era capaz de asimilar nada de lo que se decía, ni siquiera los comentarios positivos que le hacían sobre su trabajo. En el día a día, cada vez que sus colegas la elogiaban por algún motivo, ella rechazaba sus palabras pensando: «No lo dicen en serio. Soy demasiado caótica como para poder hacer un trabajo ni medianamente bueno. Me dicen esas cosas solo por educación».

Jamie buscó la ayuda de un terapeuta y, con su apoyo, pudo sustituir las respuestas negativas que solía dar automáticamente por una percepción nueva de las cosas: «Es verdad que la mayoría de las veces no consigo presentar los proyectos a tiempo, y es algo que tengo que procurar en serio que no ocurra; pero ni llegar tarde a las reuniones ni incumplir los plazos de entrega hablan de la totalidad de quien soy:

ni me definen a mí ni definen la calidad de mis ideas. Es verdad que a veces me cuesta hacerme entender, pero eso no significa que lo que quiero comunicar sea menos interesante». Empezó a darse cuenta con más precisión de lo que ocurría realmente en esas situaciones. «En realidad, cuando tengo una buena idea –me dijo–, a la mayoría de la gente le parece asombrosa incluso aunque no la entiendan del todo la primera vez que la expongo. Siempre aporto una perspectiva nueva». Jamie aprendió a pararse a escuchar los comentarios positivos que le hacían y empezó a sentirse más segura y abierta. No permitía ya que sus dificultades le impidieran reconocer sus éxitos, y, cuanto más identificada se sentía con ellos, más sólida era la base sobre la que podía construir. Al cabo de un tiempo, lo que Jamie contaba y se contaba sobre sí misma era un relato mucho más acertado y completo.

Una misión personal moldeada por tus valores

Hablamos mucho sobre la importancia de los valores o principios que tenga una persona, pero rara vez se nos ocurre pensar que puedan ser una especie de guía que nos ayude a vivir con TDAH. Cuando el cerebro nos hace ir de un lado a otro y perder el norte, es fundamental que contemos con una brújula interna, o lo que algunas personas llaman una *estrella polar*, para saber qué rumbo queremos poner nosotras a nuestra vida. Cuando tenemos la sensación de estar dando vueltas sin avanzar hacia ningún lado, conviene que hagamos una pausa y nos recordemos quién y qué es importante para nosotras. Una estrategia que nos puede ser de ayuda es hacernos una especie de «chuleta mental» de las cosas que más valoramos, para no perderlas nunca de vista.

Por ejemplo, cuando nos sentimos arrastradas en distintas direcciones por pensamientos que compiten entre sí, podemos recurrir a esos valores para guiarnos y elegir lo que sea más importante en ese momento. Desde la perspectiva del TDAH, a menudo es muy difícil poner orden entre las distintas opciones y saber cuál es la prioridad. Encontrar un espacio en nuestro interior desde el que se nos recuerden amablemente nuestros valores fundamentales puede poner fin a la sensación de agobio y desconcierto que sienten muchas mujeres con TDAH cuando sus emociones y su atención las arrastran en distintas direcciones al mismo tiempo.

Supongamos que hay una serie de personas que te reclaman en el mismo momento y no sabes a cuál atender primero. Podrías preguntarte: «¿Cuáles de mis principios pueden ayudarme a decidir cómo actuar?».

- ☐ ¿Querer ser generosa y empática?
- ☐ ¿Querer que la gente aprenda a ser responsable?
- ☐ ¿Querer que la gente aprenda a valorar las diferencias?
- ☐ ¿Querer que la gente aprenda que se deben cumplir las normas?

Saber de antemano cuáles son nuestras prioridades nos ofrecerá un punto de referencia válido al que apelar cuando nos sintamos confundidas o hayamos perdido contacto con nuestras verdades. Esto nos ayudará a vivir con el TDAH y también a avanzar en dirección a una vida más plena. Si utilizamos nuestra brújula interior, serán nuestros principios –y no la diversidad de ideas que nos presente la mente dispersa–, los que guíen nuestras decisiones. Cuando nos dejamos arrastrar por la dispersión derivada del TDAH («¡Ay, esa persona me necesita! Eso es lo más importante»; «¡Ay, no, mira! Qué interesante este evento, ¡mejor voy a hacer esto otro!»), es fácil que confundamos nuestras prioridades, que nos desviemos de nuestros propósitos, que descartemos lo que habría sido más oportuno y que, al final, estemos tan agotadas tras haber cambiado cien veces de idea que no nos quede energía para avanzar hacia lo que de verdad nos importa. Cuando nos paramos en lugar de dejarnos arrastrar, podemos tomar una decisión más intencional y más coherente con nuestra visión, nuestra misión y nuestras metas.

Contar con la brújula interior puede traducirse en hacernos cada día una pregunta muy simple: *las decisiones que tomo ¿son coherentes con lo que valoro de verdad?* Esta pregunta te ayudará a centrarte y a avanzar hacia un futuro en el que te sientas más completa. Y te ayudará también a saber dónde situar o cómo resolver las dificultades que te plantee el TDAH en cada momento.

Una vez que sepas lo que valoras, puedes escribir una declaración de misión personal, tal como lo harías si estuvieras dirigiendo tu empresa. Al fin y al cabo, ¡eres tú la que diriges tu vida! Esta puede ser una forma fácil y práctica de recordar tus valores en situaciones que podrían generarte dispersión y confusión.

Si tienes TDAH, es probable que te sientas desbordada o abrumada cuando se sobrecarga tu sistema nervioso (Shaw *et al.* 2014). Una hoja que te recuerde tus valores puede ayudarte a seguir actuando de acuerdo con ellos incluso aunque estés demasiado cansada o abrumada en ese momento como para reflexionar sobre la situación. Una posibilidad es que escribas tus valores y tu declaración de misión en una tarjeta y la coloques sobre tu escritorio, la lleves en la cartera o la tengas fotografiada en el teléfono móvil, para que sea un recordatorio rápido de tu brújula interior. Este es un ejemplo:

> Mi misión es ser amable con los demás y tomarme el tiempo necesario para hablarle a la gente con respeto. A cambio, espero recibir y solo acepto el mismo respeto. Quiero ayudar a los demás en la medida en que me sienta capaz de hacerlo. Acepto mis límites

en las áreas en las que soy más débil. Quiero ser amable pero no invasiva. Quiero ser abierta y poder expresarme con claridad y franqueza, especialmente en lo referente a mis diferencias dentro de cualquier relación.

Reflexión: Declaración de misión

Para que te sirva de guía en el viaje hacia la autenticidad, y te ayude a actuar en todo momento de acuerdo con tus valores, siendo consciente de tus aptitudes tanto como de tus dificultades, responde a las siguientes preguntas. Al final, escribirás tu propia declaración de misión.

¿Qué es para ti lo más importante?

____

____

____

¿Qué quieres defender?

____

____

____

¿En qué quieres fundamentar el sentido de tu vida?

____

____

____

¿Cuáles son tus valores fundamentales?

____

____

____

¿Qué quieres que la gente sepa de ti?

____

____

____

Cuando mires atrás al cabo de los años, ¿qué te gustaría poder decir de ti y de tu vida?

____

____

____

Intenta reunir todos estos detalles en unos cuantos puntos clave que resuman tu misión personal.

____

____

____

Crea una visión

Para crear una imagen completa de tu vida y empezar a guiarte por una visión más estimulante de tu presente y tu futuro, puedes empezar por imaginarte viviendo de un modo que refleje esas cosas. Es difícil trabajar por un futuro más satisfactorio sin tener antes una idea de cómo podría ser ese estilo de vida y cómo te haría sentirte. Procura ser realista y tener en cuenta las dificultades asociadas al TDAH, pero también las demás partes de ti: tus habilidades, tus principios fundamentales y las distintas clases de apoyo que puedes recibir del exterior.

Reflexión: Ejercicio de visualización

Hacer este ejercicio te ayudará a desvincularte momentáneamente de tus dificultades relacionadas con el TDAH y te permitirá ver desde cierta distancia tus pensamientos automáticos y las emociones subsiguientes. Esta práctica te dará el espacio que necesitas para tomar una decisión intencional y libre de juicios sobre cómo vivir de la mejor manera posible con las dificultades del TDAH, siendo a la vez fiel a tus valores personales, actuando en consonancia con tu misión y participando en el mundo con un sentido de propósito.

Encuentra un poco de tiempo para sentarte a solas en un lugar donde nadie vaya a molestarte y haz unas cuantas respiraciones profundas que te oxigenen y despejen por dentro. Estate lo más presente que puedas; abstráete de lo que has hecho a lo largo del día hasta este momento y de lo que harás después. Cierra los ojos e imagínate despertando por la mañana dentro de un año, de cinco o de diez. Visualiza tantas experiencias sensoriales y detalles del entorno como te sea posible. Deja que las siguientes preguntas guíen tu atención. Puedes parar un instante a tomar nota, o representar con cuatro trazos sobre el papel algunas de las imágenes que te vayan viniendo a la mente, o tomar nota de ellas después de haber pasado un rato inmersa en la visualización.

¿Qué es lo primero que ves a tu alrededor?

¿Cómo te sientes al despertar?

¿Cómo se desarrolla tu día?

¿Qué partes de tu día te producen un sentimiento de bienestar y autenticidad?

¿Qué partes te hacen sentirte derrotada o te producen malestar?

¿Cómo se reflejan tus valores fundamentales y tu misión en lo que haces a lo largo de ese día?

Mientras continúas visualizándote, imagina momentos en los que aparece alguna dificultad causada por el TDAH, o cualquier otro obstáculo personal o interpersonal. En esas situaciones, visualízate siendo alguien que ha madurado, alguien que ha experimentado una admirable transformación, y lo bien que te sientes por ello.

De todas las partes de ti que se manifiestan en esas mismas situaciones, ¿de cuáles te sientes particularmente orgullosa? ¿Qué cualidades tuyas sientes que te dan fuerzas?

Concluye la visualización imaginando un final de día que te haga sentirte completa y satisfecha. ¿Qué imágenes o reflexiones finales te vienen a la mente?

Dar un paso atrás y tener una perspectiva más abierta te permite captar con facilidad todas las verdades acerca de quien eres. Por ejemplo, si sueles olvidarte de felicitar a tus amigas por su cumpleaños, en lugar de pensar que es imperdonable y que eres una mala amiga, puedes dar un paso atrás y recordar que eres también una persona cariñosa y tienes un don para elegir regalos estupendos, siempre acertados, que a lo largo de los años las han hecho a todas muy felices. Es posible que expresar gratitud y ser atenta con los demás sean, precisamente, dos de tus valores personales, y que ponerlos en práctica forme parte de tu misión personal, aunque lo hagas de una forma no tradicional.

Cuando tienes una visión completa de ti misma, te das cuenta de que no es verdad que hagas cosas imperdonables o seas una mala amiga. Ahora bien, es cierto que eres olvidadiza, y que esta es una de las maneras en que se manifiesta el déficit de memoria causado por el TDAH. Esa tendencia a olvidarte de las cosas puede ser un problema, y es probable que haya tenido consecuencias de todo tipo a lo largo de los años. Sencillamente, es así. Pero no es toda la verdad, y por supuesto no dice nada de tu carácter, tus habilidades o tu capacidad para aportar al mundo algo valioso. Hay muchas otras cosas en ti que son tan ciertas como esa tendencia y que están presentes en el mismo grado. Esta es la razón por la que puedes y debes cambiar de perspectiva.

«Ya, ¡pero es muy difícil cambiar!»

¡Alerta de *spoiler*! Queremos advertirte que, un instante después de que te entusiasmes con la idea de iniciar este proceso que te hará sentirte completa y brillar, ¡puede que de repente cambies radicalmente de parecer! Justo cuando creías que estabas a punto de descubrir una mejor forma de vivir con el TDAH, es posible que, para gran sorpresa tuya, te cierres en banda o tengas un presentimiento muy extraño que te impida dar un solo paso.

Algunas mujeres dicen que cuando llegan a ese «¡pero yo no puedo hacer esto!», sienten una especie de mareo. Es parecido a cuando entras en un centro comercial y te encuentras de repente en medio de tal cantidad de objetos llamativos que te sientes abrumada y de repente no ves. Con respecto a este proceso de cambio, lo que se nos presenta es un abanico extremadamente abierto de posibilidades, todas nuevas, demasiado estimulantes o no lo bastante estimulantes, o incluso imposibles. Sin saber por qué, es posible que regreses rápidamente a pensamientos automáticos como: *¡Pero qué ingenua... Esto es un cuento!* o *¡Menos mal!, casi caigo en la trampa de creer que puedo vivir mejor.*

Por eso, te ayudará contar con que aparecerán barreras en tu interior: miedo a no ser capaz de hacer ninguna de esas cosas por mucho que te empeñes, dudas sobre si de verdad habrá en ti alguna cualidad que valga la pena sacar a la luz, conflictos sobre si tiene algún sentido soñar y poner tus esperanzas en algo tan indefinido cuando tienes ya una lista de estrategias bien definidas que no estás poniendo en práctica o esa voz que te dice insistentemente que decepcionarás a todos, y te decepcionarás a ti, si te permites acariciar sueños demasiado ambiciosos o imaginar que te será posible cambiar demasiado.

Como terapeutas, uno de los aspectos más dolorosos de trabajar con mujeres que tienen TDAH es ver la facilidad con que se menosprecian, con que ahogan cualquier atisbo de creencia positiva sobre sí mismas porque, de repente, les da miedo confiar en que son capaces de crear una vida que las haga sentirse contentas y completas. Por otro lado, uno de los aspectos más gratificantes de trabajar con mujeres que tienen TDAH es ver lo fuertes, resilientes, valerosas y constantes que son cuando se proponen algo maravilloso y se dan permiso para creer de nuevo.

Es natural que te resistas

Hablemos claro: si no te provoca cierta ansiedad emprender este proceso, ¡es que no te estás permitiendo imaginar! Empezar a recorrer un camino nuevo y desconocido siempre da miedo. Aunque pensemos que las heridas del pasado están prácticamente curadas, es posible que, al examinar a fondo algunos temas, se vuelvan a abrir y experimentemos dolor en ciertos lugares y en determinadas circunstancias. Es fundamental saber que lo que sentimos en esos momentos es el dolor de antiguas heridas. Podemos dejar que existan, pero no tenemos por qué responder a su orden imperiosa de no dar un paso más.

La resistencia a avanzar puede presentarse de muy diversas maneras. En algunos casos, se expresa como ansiedad o miedo; en otros, es más una especie de enfado, o frustración, o rechazo hacia cualquier cosa que nos recuerde que podemos actuar de manera distinta, y también hay casos en que la resistencia se manifiesta como un sentimiento de tristeza, de privación o de impotencia que se interpone en nuestro camino al intentar ponernos en movimiento. A menudo, la resistencia nos pilla desprevenidas porque es un mecanismo de autoprotección que actúa a nivel inconsciente, un mecanismo que tenemos arraigado en lo más profundo y que se activa automáticamente cuando nos encontramos en situaciones desconocidas o ante estímulos nuevos.

La experiencia de Michelle: Contra un muro de resistencia

Cuando Sari y yo empezamos a escribir este libro, me entusiasmaba el proyecto y estaba llena de esperanza y determinación. De entrada, tenía plena seguridad en que sería capaz de hacer mi parte. Sin embargo, muy pronto me quedé paralizada. No era solo que mi cerebro tuviera que vencer los obstáculos propios del TDAH que le impedían ponerse en marcha, ni era solo tener que encontrar la manera de organizar la información sin agobiarme, sino que fueron apareciendo la ansiedad y toda clase de dudas.

Comencé a preguntarme si publicar este libro era tan buena idea como al principio me había parecido. Me empezaron a disgustar la mayor parte de los textos que había sido capaz de escribir, y me preocupaba que al final no me gustara el libro. Me sentía frustrada y confusa. Incluso me di cuenta de que, llevada por una especie de compulsión a ocultar las cosas, no quería decirle a Sari que me estaba costando avanzar en el proyecto. ¡Era un cambio demasiado drástico, teniendo en cuenta lo entusiasmada que estaba solo una semana antes! Pensé: «¡Pero sé que puedo hacerlo ! ¿No...? Entonces, ¿por qué no me salen las palabras?». Así que hice lo que suelen hacer las mujeres con TDAH: me esforcé aún más por seguir escribiendo. Probé todas las estrategias de apoyo que conocía y creé el entorno ideal para sentarme a trabajar. Y después de todo, seguía bloqueada.

Cuando al final me senté con Sari y le empecé a hablar de las horas que había pasado los días anteriores delante de la pantalla en blanco viendo parpadear el cursor, entendí con claridad que estaba teniendo cierta resistencia a dar el salto y a exponerme de un modo más transparente. Vi la posición tan vulnerable en la que me colocaba ser una psicóloga, con un diagnóstico de TDAH, que escribe un libro para que otras mujeres lo lean y que tiene la responsabilidad no solo de explicarse bien, sino de poner además en práctica lo que explica.

Como te ocurre a ti, el TDAH sigue interponiéndose en mi camino y siguen asaltándome dudas y miedos que me han acompañado desde hace mucho tiempo en el viaje y que parecen haberse propuesto hacerme las cosas aún más difíciles. Por una de esas ironías de la vida, mïentras escribía este capítulo, notaba cómo intentaban embaucarme la misma resistencia y el mismo miedo sobre los que trataba de escribir.

A veces la resistencia es obvia e inequívoca, y a veces nos toma por sorpresa. Sin embargo, cuando reconocemos la presencia de todas esas barreras internas, paradójicamente dan paso a una mayor confianza en las decisiones que hemos tomado intencionalmente, que son expresión de nuestro poder personal y con las que tenemos el firme deseo de comprometernos. La resistencia, adopte la forma que adopte, y por frustrante y molesta que nos resulte, es siempre una rica fuente de información. Cuando estamos decididas a cambiar comportamientos contraproducentes, o a asumir riesgos calculados para tener una vida mejor, las señales internas de *stop* podrían significar en realidad «¡adelante!».

Descubrimiento: ¿Cuál es tu modalidad de resistencia?

¿Cómo experimentas tú la resistencia interna? Estas son unas cuantas formas en que se interponen comúnmente en nuestro camino los bloqueos o barreras internos cuando queremos avanzar hacia la luz. Marca las que te digan algo, y así podrás identificarlas más fácilmente cuando surjan.
En mi caso, la resistencia interna a expandirme en el mundo se manifiesta como:

- ☐ Ansiedad, parálisis, deseo de escapar.
- ☐ Irritación, enfado, frustración.
- ☐ Magnifico los obstáculos y minimizo mis capacidades.
- ☐ Dudo de mí misma, me critico, llego de inmediato a la conclusión de que «no soy capaz» o «no debería».
- ☐ Me rindo, me aíslo, me encierro en mí misma, me escondo, me convenzo de que da igual.

- ☐ Pospongo el momento de hacer las cosas; pienso: «Lo haré cuando ______________________» o «Si ______________________, entonces quizá».
- ☐ Critico o rechazo a ciertas personas, o a determinadas situaciones o estímulos.
- ☐ Me cuesta estar presente y participar plenamente del momento.
- ☐ Encuentro un millón de razones por las que «no puedo».
- ☐ Rememoro el pasado y me lamento por lo que he perdido.
- ☐ Tengo intensos sentimientos de inseguridad o vulnerabilidad.
- ☐ Siento que me tengo que proteger, me retiro, mantengo las cosas en secreto o me oculto.
- ☐ Otros ______________________________.

Da miedo estar a punto de conseguir algo que siempre se ha deseado, incluso aunque ese algo sea el amor o el éxito. A veces nos da miedo que, una vez conseguido, todo se derrumbe. Estate atenta a los momentos en que más reacia eres a seguir adelante. Esos momentos, esos sentimientos, son información que te ayudará a reconocer cuándo es posible que necesites darte un empujoncito.

Otra posibilidad, por supuesto, es que todo vaya bien y que descubras partes de ti que siempre habías sabido que estaban en algún lugar, enterradas bajo un caos de cosas diversas. O puede que tengas miedo a mirar, a abrir la puerta del armario y empezar la búsqueda. Tal vez te dé miedo encontrar lo que buscas, y también no encontrar nada.

Reconfigura las respuestas

Al igual que un ordenador tiene programada una configuración que se activa automáticamente, todos los seres humanos tenemos comportamientos y emociones predeterminados. A menos que sepamos que estos comportamientos y sentimientos operan automáticamente, no podremos cambiar la configuración y responder de forma distinta. Por eso, tenemos que entrar en las preferencias de nuestro sistema emocional y recalibrar las respuestas por defecto para que actúen a nuestro favor.

A menudo, nuestras reacciones automáticas –las que están programadas en nuestro sistema operativo– nos hacen resistirnos a considerar una nueva visión de quienes somos y de nuestra vida. Y la situación es particularmente confusa cuando, debido a la peculiar configuración cerebral del TDAH, por un lado estamos decididas a avanzar hacia un futuro más atrayente o una imagen más completa de nosotras mismas, y por otro, al mismo tiempo, algo dentro de nosotras reacciona y nos hace retroceder.

La experiencia de Sari: Preferencias predeterminadas

Recuerdo el día que descubrí que en mi ordenador había preferencias predeterminadas. No solo no sabía cómo cambiarlas, ¡sino que ni siquiera sabía que estuvieran operando! Tuvo que llegar un momento en el que uno de esos automatismos estaba empezando a ser tal incordio que decidí investigar el funcionamiento interno del ordenador para que, al fin, descubriera que tenía cierto control sobre él. Podía entrar en las preferencias del sistema y reajustar esos valores predeterminados para que se ajustaran más a mis deseos, es decir, a un funcionamiento cuyo resultado fuera el que yo de verdad quería. Podía decidir. No tenía total libertad de decisión sobre mi ordenador, y debía aceptar las dificultades que imponían otras realidades, pero tenía mucho más control y posibilidad de elegir de lo que hasta entonces imaginaba.

Descubrimiento: Cambio y TDAH

A continuación presentamos una lista de respuestas por defecto sobre las que muchas mujeres dan por hecho que no tienen elección. Imagina que estás a punto de hacer un cambio en tu vida. O imagina que estás abochornada y aturdida tras una de esas meteduras de pata a las que a veces te lleva el TDAH.

Marca cualquiera de las siguientes conclusiones que sea similar a tus respuestas predeterminadas más comunes o cómodas en situaciones como esas. Luego, rodea con un círculo una en particular que quieras reconfigurar (es decir, entrar en las preferencias de tu sistema emocional y cambiarla, como en un ordenador).

- ☐ Nunca seré capaz de hacer nada de manera diferente ni conseguiré que un cambio positivo perdure.
- ☐ Los síntomas del TDAH siempre me harán pasar vergüenza.
- ☐ Ya he probado a hablar con franqueza de mi situación, y al final siempre me he sentido incomprendida y juzgada. ¿Para qué molestarme?

- ☐ Nunca he conseguido cambiar nada. ¿Por qué iba a ser distinto esta vez?
- ☐ No conseguiré mantener el ritmo ni llegar hasta el final.
- ☐ No puedo tolerar el desbarajuste que va a causar esto.
- ☐ Me retiraré al cabo de dos semanas, como siempre.
- ☐ Debo de estar loca para permitirme siquiera imaginar algo tan bueno.
- ☐ No debería necesitar ayuda. Tengo que poder salir adelante yo sola.
- ☐ Si veo que no me resulta fácil o cometo algún error, debería abandonar.
- ☐ Cuando algo sale mal, es culpa mía.
- ☐ Es natural que me disculpe por ser como soy.
- ☐ Sabía que esto pasaría. Por eso no me molesto en intentarlo.
- ☐ Si hubiera puesto en práctica la estrategia que aprendí, quizá no estaría en esta situación, ¡pero está claro que no sirvo ni para tener TDAH!
- ☐ El TDAH es solo una excusa. Sé que el verdadero problema soy yo.

Reflexión: ¿Qué valores por defecto quieres restablecer?

Escribe o dibuja tres valores predeterminados actuales.

Escribe o dibuja la configuración predeterminada que te gustaría tener en su lugar.

Cuando recuerdes quién eres en esencia, y lo que valoras y lo que vales como ser humano a pesar de tus dificultades, o incluso precisamente por ellas, podrás comunicarte desde una certeza que honre todo lo que eres. Porque como dice David Giwerc, fundador de ADDCA (la principal organización estadounidense para la formación de *coaches* especializados en TDAH), en su libro *Permission to Proceed* [Permiso para proceder], tú también serás capaz de recordar: «Tengo estas cualidades y estas dificultades, y soy mucho más que eso. Soy todo eso y más».

> Cuando te das permiso para empezar a vivir y a actuar desde tu yo natural, el que es indisociable de quien eres, y prestas atención a los valores que están en armonía con el espíritu y la pasión de tu corazón, haces una elección transformadora. Con solo concederte permiso para proceder, ¡empiezas a imaginar un mundo de posibilidades y a crear una nueva y poderosa realidad! (2011, 241).

Conclusiones útiles sobre el TDAH que podemos sacar de este capítulo

- Descubrir quién eres como mujer completa y hacia dónde quiere ir tu auténtica esencia te pone en el camino de tomar decisiones más satisfactorias sobre tu vida y tus relaciones.

- Resistirse es inevitable. Debemos admitir que aparece esa resistencia y vencerla. Cuando consigues aceptar que la duda y el miedo son respuestas naturales a este tipo de cambio, puedes permitirte volver a tener esperanza.

- Puedes tener miedo y experimentar barreras internas que interfieran en el proceso de cambio y, aun así, empezar a brillar con más intensidad.

Capítulo 7

Brilla tal como eres

Déjate ver, oír y conocer

Nuestro propósito en este capítulo es que te sientas más cómoda dejándote ver tal como eres, lo cual incluye que te permitas poco a poco revelar tus singulares cualidades, tu talento, tu personalidad y tus intereses, y empieces a brillar. Vamos a animarte a que te expandas y expandas tu vida, y a que reclames más espacio para ti dentro de ella. Para esto, tendrás que vencer el habitual impulso de retirarte y encogerte a causa de tus diferencias. En este capítulo aprenderás formas de empujarte suavemente a atravesar la frontera de tu zona de confort para poder dirigirte hacia la visión que has identificado y explorado a lo largo del capítulo seis.

Cuando utilizamos la palabra *brillar*, no hablamos específicamente de que deslumbres a todo el mundo con tu trabajo, o al entrar en una sala, o al alcanzar algún elevado objetivo. Por supuesto, si eso es lo que quieres y estás decidida a conseguirlo, ¡adelante! Pero el concepto de «brillar» que te proponemos en estas páginas no está necesariamente asociado a los logros profesionales ni tiene por qué entenderse en el sentido tradicional. Queremos que lo entiendas más bien como la consecuencia natural de que empieces a ocupar más espacio en tu vida. Imagina que te das permiso para expandirte y ser tú, y a través de tus palabras y tus comportamientos vas haciéndote cada vez más visible, siendo cada vez más auténtica, sintiéndote cada vez más como una igual. Mereces que te vean, te escuchen y te conozcan. Eres digna y capaz de ser la protagonista de tu vida tal como eres, con tus dificultades y torpezas y todo lo demás que acarrea el TDAH.

Empieza a expandirte

Las mujeres con TDAH somos tan competentes y valiosas como el resto de los seres humanos, aunque muchas veces nos sintamos inferiores y, en consecuencia, nos retiremos de la vida. Estamos a punto de comenzar una nueva etapa del viaje, y confiamos en que, gracias a una nueva perspectiva de ti misma y al trabajo tan serio que has estado haciendo en las etapas anteriores, habrás descubierto que hay toda una diversidad de situaciones en las que tienes la posibilidad de expandirte en lugar de encogerte.

Declaración de independencia de las mujeres con TDAH

Como mujeres con TDAH, hemos renunciado a algunos de nuestros derechos inalienables debido al sentimiento de inferioridad que nos han creado nuestras dificultades y diferencias. Pero ni ser diferentes ni tener dificultades puede ser motivo para

> ***Ni ser diferentes ni tener dificultades puede ser motivo para que renunciemos a nuestro derecho a una vida plena, a relaciones igualitarias y a tratar de alcanzar objetivos que a nosotras nos satisfagan.***

que renunciemos a nuestro derecho a una vida plena, a relaciones igualitarias y a tratar de alcanzar objetivos que a nosotras nos satisfagan.

La Declaración de Independencia de Estados Unidos, que es su documento fundacional, declara que todos y cada uno de sus habitantes goza de una serie de libertades que son su derecho de nacimiento. A continuación, presentamos una versión de esta Declaración de Independencia aplicada a las mujeres con TDAH, que establece los derechos que nos dan la libertad de no vivir más bajo el yugo de pensamientos y patrones opresivos. (Puedes imprimir una copia en http://www.newharbinger.com/32617 –en inglés– o copiar esta). Ponla bien a la vista, para seguir asimilando su mensaje y actuar de acuerdo con estos derechos.

Declaración de Independencia de las Mujeres con TDAH

- Derecho a conectar con otras personas, aunque tengas dificultades.
- Derecho a desarrollar tus habilidades y tu talento, aunque tengas dificultades.
- Derecho a hablar, a exponer tus ideas y a que se te conozca, a pesar de tus diferencias.
- Derecho a reivindicar y cumplir tus sueños y esperanzas, aunque tengas dificultades.
- Derecho a concederte tiempo y espacio a ti misma, aunque tengas dificultades.
- Derecho a vivir sin vergüenza y a que se te trate con respeto, aunque seas imperfecta.
- Derecho a pedir ayuda, a pesar de tus muchas aptitudes.

Expándete en las relaciones

Tienes derecho a conectar con otras personas, aunque tengas dificultades

Como mujer con TDAH, es probable que a raíz de algunas experiencias te hayas ido retrayendo más y más en las relaciones, o que hayas cedido tu poder, te hayas desconectado y hayas aprendido a no mostrarte como eres. Pero ha llegado la hora de que te expandas dentro de las relaciones y de que enriquezcas con tu presencia aquellas que son fundamentales para ti, sin retraerte ni ceder tu poder. Tienes derecho a vivir conexiones íntimas y auténticas.

A muchas mujeres que tienen TDAH les cuesta mantener el contacto y la cercanía con sus amistades y cada miembro de su familia. Suele resultarles difícil porque requiere una serie de acciones continuas que no son tan estimulantes y atractivas como el contacto personal cara a cara, ya que suelen requerir gran capacidad de funcionamiento ejecutivo. Si es tu caso, lo más probable es que tu familia y tus amigos te importen de verdad, pero que malinterpreten tus comportamientos –sin entender que están condicionados por el TDAH– y concluyan que no estás interesada en la relación. Olvidarte de felicitarlas el día de su cumpleaños, distraerte cuando estás al teléfono con ellas o responder a un mensaje suyo o devolverles la llamada una semana después de recibirlos son algunos ejemplos de comportamientos que con frecuencia suelen malinterpretarse.

Es posible que te alejes de tus amistades y tu familia porque te sientes incomprendida o temes haberlas decepcionado con tu falta de constancia. La ansiedad y la vergüenza consiguientes pueden hacer que te cierres y aísles todavía más, hasta que llega un día en el que te das cuenta de que te has distanciado de personas en cuya compañía antes disfrutabas o, aún peor, que evitas tener cualquier contacto con ellas a causa de esa vergüenza y ansiedad. Así, lo que empezó siendo un problema provocado en origen por el TDAH puede convertirse en un problema de relación.

Para poder expandirte y tener relaciones más profundas y enriquecedoras con personas que te valoran como a una igual, antes tienes que asumir el riesgo de acercarte a ellas, tal vez en especial a aquellas a las que lleves tiempo evitando por vergüenza y por miedo. Tal vez tengas que armarte de valor para poder hacer lo contrario de lo que habitualmente haces, que es esconderte, fingir o aislarte. Mereces tener contacto verdadero con otras personas aunque haya comportamientos tuyos que a algunas les cueste comprender. También tienes derecho a que, incluso en los momentos en que más obvias son tus dificultades, te traten con respeto.

Reflexión: Expándete en las relaciones

Tienes derecho a conectar con otras personas, aunque tengas dificultades.

¿De qué maneras has reprimido hasta ahora esta parte de ti?

____

____

____

____

¿Cómo podrías expandirte y conectar a lo largo de esta semana?

____

____

____

Expande tus habilidades y tu talento

Tienes derecho a desarrollar tus habilidades y tu talento, aunque tengas dificultades

Es posible que a lo largo de tu vida te hayas abstenido de desarrollar tu talento o de demostrar tus habilidades, pensando que te criticarían, que no tendrías la constancia necesaria o que al final decepcionarías a todo el mundo.

Cuando te planteas hacer algo para demostrar tus talentos o expandir tus intereses, es posible que aparezca la culpa por todas las cosas que has dejado «sin hacer» para poder dedicarte a eso. Otro temor habitual es que, al tomar la determinación de hacer algo y ser más visible, te expongas demasiado al fracaso, a las críticas o a decepcionarte a ti misma y a los demás.

Tal vez te preocupa que te juzguen o que las críticas ajenas refuercen las tuyas propias. Tal vez no te atreves a ser el centro de atención por temor a tener que oír: «Siempre llega tarde, ¿y ahora además pide unas horas libres para presentarse al *casting* de una obra de teatro?». O: «No tiene tiempo para devolver una llamada ¡pero acaba de publicar en las redes sociales un anuncio de una clase de yoga!».

Sacar a la luz tus puntos fuertes y destacar aquello que se te da bien y te apasiona conlleva el riesgo de que esos miedos y voces –internos o externos, reales o imaginarios– hagan su aparición y de tener que enfrentarte a ellos. Tienes derecho a expresar tus mejores cualidades y a dar algo bueno al mundo que te rodea, aunque los síntomas del TDAH no te lo pongan fácil en algunos momentos.

Reflexión: Expande tus habilidades y tu talento

Tienes derecho a desarrollar tus habilidades y tu talento, aunque tengas dificultades.

¿De qué maneras has reprimido hasta ahora esta parte de ti?

____

____

____

____

____

¿Cómo podrías expandirte en tu talento y tus habilidades a lo largo de esta semana?

____

____

____

____

____

Expande tu voz

Tienes derecho a hablar, a exponer tus ideas y a que se te conozca, a pesar de tus diferencias

Expandir tu voz es el primer requisito para que puedan conocerte. Comprendemos que dejar que te conozcan es todo un reto, ya que supone estar dispuesta a ser vulnerable. Expandir tu voz significa asumir el riesgo de expresar tus necesidades, de dejarte ver y de que la gente sepa cómo eres; significa revelarte más y, cuando se manifiesten tus diferencias, hablar de ellas con seguridad en lugar de avergonzarte. Expandir tu voz significa también hablar de lo que has logrado, creado, pensado, esperado o soñado, exponer tus opiniones, tus deseos y tu temperamento particular.

Queremos aclarar que esto no quiere decir que debas contárselo todo a todo el mundo en todo momento. Expandirte es empezar a revelar pequeños fragmentos de ti aquí y allá, ir dejando pistas –como las migas de pan que Hansel y Gretel dejaban caer en el cuento– para que con el tiempo la gente llegue a saber quién eres.

Este aspecto de la expansión se traduce en que pienses, elijas y decidas a quién darás a conocer las distintas partes de ti. Tienes derecho a tener voz, a pesar de tus dificultades.

La experiencia de Holly: Asumir abiertamente sus aptitudes

Holly, una mujer de treinta y cinco años, se reúne de vez en cuando con un grupo de compañeras de universidad con las que ha mantenido el contacto. Actualmente, todas están a punto de casarse o de ser madres. Así que, en una reunión reciente, mientras sus amigas charlaban sobre bodas, casas y maternidad, ella se quedó callada. Su vida iba en una dirección claramente distinta, no solo por el TDAH, sino por el inusual éxito que tenía en su profesión.

Aunque Holly no les dio ninguna información sobre lo que estaba ocurriendo en su vida, tampoco ellas le preguntaron. Era evidente que sus intereses no eran los mismos que los de sus amigas, y tenía la impresión de que no le preguntaban nada por temor a que sus preguntas la pudieran avergonzar. Curiosamente, en el plano profesional Holly era con diferencia la más preparada del grupo. Tenía un doctorado en Neurología y formaba parte de un equipo de investigación que estaba intentando encontrar ni más ni menos que una cura para el alzhéimer. Holly no sabía bien qué hacer. ¿Debía hablar sobre su trabajo sin esperar a que le preguntaran? ¿Debía callarse y escuchar de buen grado a sus amigas y ver pasar las horas intercambiando cumplidos?

Se dio cuenta de que, en aquella situación, tenía conciencia de ser diferente, pero no era por el TDAH ni era por sus dificultades, sino que, de hecho, ¡se sentía diferente por sus aptitudes! Lo cierto era que estaba encantada con el rumbo que había puesto a su vida. Solo cuando alguien la ponía en evidencia por ser diferente y no cumplir las expectativas de género, se bloqueaba y no era capaz de comunicarse de un modo que volviera a hacerla sentirse incluida. A esto contribuían también los tabúes de género que había interiorizado de niña, que decían que una mujer nunca debe jactarse de sus logros ni tratar de parecer superior.

Holly estaba decidida a hacer algo al respecto. Empezó a sentirse cada vez más segura y más capaz de hablar de sus diferencias, y en la siguiente reunión con sus amigas decidió revelar la vida que ella valoraba y reclamar su derecho a que la conocieran como era. No cortó la relación con ellas ni se retiró. En lugar de eso, como quería de verdad que sus amigas la entendieran, abordó el tema de las diferencias directamente, sin quitarles importancia y sin defenderlas tampoco. Les dijo: «Quiero que sepáis que yo soy diferente: no quiero ser madre. Mi legado va a ser mi trabajo, que a mí me apasiona. Y me encantaría contaros en qué estoy trabajando».

Reflexión: Expande tu voz

Tienes derecho a hablar, a exponer tus ideas y a que se te conozca, a pesar de tus diferencias.

¿De qué maneras has reprimido hasta ahora esta parte de ti?

____

____

____

____

____

¿Cómo podrías expandirte y hacer oír tu voz a lo largo de esta semana?

____

____

____

____

____

Expande tus sueños

Tienes derecho a reivindicar y cumplir tus sueños y esperanzas, aunque tengas dificultades

Debido a tus dificultades, tal vez hayas aceptado con resignación que debes renunciar a tus sueños porque no mereces tenerlos. Es posible que esto te cause a menudo un intenso anhelo, y dolor, y tristeza. Porque no es solo que un día vayas a lamentarte por los sueños que no cumpliste, sino que parece que pertenezcas a una clase de personas que no son dignas de tener sueños y que están condenadas a vagar por una especie de purgatorio organizativo, entre montañas de papeles, y cajas, y tareas sin hacer. Tal vez te sientas como si te hubieran condenado a trabajos forzosos para toda la eternidad y te hubieran despojado del derecho que todo ser humano tiene desde el momento de nacer: el derecho a tener esperanza y a soñar, a pesar de cualesquiera que sean sus dificultades, sus defectos o su grado de desorganización. El TDAH te acompañará toda la vida, y está claro que no puedes dejar tu vida en suspenso. En vez de eso, puedes reclamar tu derecho a tener esperanzas y sueños mientras sigues trabajando para resolver poco a poco otras dificultades.

Este aspecto de la expansión se traduce en que te arriesgues a imaginar una vida con propósito y significado, y en que avances hacia ella aunque muchas cosas continúen estando desorganizadas o inconclusas. Reclamar tu derecho a tener esperanzas y sueños significa amplificar y hacer visible lo que has creado o visualizado.

Reflexión: Expande tus sueños

Tienes derecho a reivindicar y cumplir tus sueños y esperanzas, aunque tengas dificultades.

¿De qué maneras has reprimido hasta ahora esta parte de ti?

____

____

____

____

____

¿Cómo podrías expandirte en la concreción de tus sueños a lo largo de esta semana?

____

____

____

____

____

Expande tu espacio personal

Tienes derecho a concederte tiempo y espacio a ti misma, aunque tengas dificultades

Te animamos a que expandas y enriquezcas tu vida sin esperar a haber terminado de atender las necesidades de todos. A que dediques tiempo a cuidarte, a relajarte y a hacer cosas que te resulten placenteras, en lugar de dedicarte obsesivamente a intentar que no se refleje en tu trabajo lo difíciles que, debido al TDAH, te resultan algunos aspectos. La extenuación es lo opuesto a la expansión.

La extenuación es lo opuesto a la expansión.

En este caso, expandirte significa que hay momentos en los que tienes derecho a pensar primero en ti y en tus necesidades (¡en tu salud!), en vez de anteponer siempre automáticamente las necesidades de los demás a las tuyas. Recuerda que no vas a poder llenarle el vaso a nadie con una botella vacía. Expandirte significa darte permiso para dedicar un poco de tiempo a jugar, sin más objetivo que el de pasarlo bien en ese momento. Como mínimo, ¡significa que no te excluyas de tu lista de tareas!

En definitiva, este aspecto de la expansión se traduce en reclamar y ocupar más espacio, literal y metafóricamente: en el lugar físico en el que te encuentres, en el marco de las relaciones y dentro de ti. Al concederte el derecho a ocupar el espacio que te corresponde, estás reclamando tu valía y tu lugar en el mundo. Te lo mereces, sean cuales sean tus dificultades.

La experiencia de Amber: Reclamar su espacio

Amber había pasado todos los fines de semana en el apartamento de su novia, Miranda, desde hacía meses. Tenían una relación estupenda, todo iba de maravilla, pero el TDAH estaba empezando a crearle a Amber alguna que otra dificultad.

Ir a pasar el fin de semana a casa de Miranda significaba tener que preparar una pequeña maleta y planificar con antelación varios pasos logísticos. Después, retomar su rutina de trabajo al volver a casa le causaba de nuevo una serie de molestias, que nunca la pillaban por sorpresa pero a las que no conseguía acostumbrarse. Los pequeños detalles estaban empezando a convertirse en grandes obstáculos.

Al llegar a casa de Miranda, casi cada fin de semana había algo que a Amber se le había olvidado meter en la maleta. Una vez se dejó en casa la medicación, otra el cepillo de dientes, otra el cargador del ordenador... Cuando llegaba el momento de hacer el equipaje de nuevo y despedirse de Miranda, Amber secretamente pensaba que ojalá pudiera dejar allí algunas cosas, en lugar de tener que sacarlas y guardarlas una y otra vez. Aunque habían acordado que Amber se mudaría allí cuando terminara su contrato de alquiler, por ahora, cada vez que estaba a punto de preguntarle a Miranda si le parecía bien que dejara allí algunas cosas, la asaltaban un millón de dudas y preguntas y se quedaba callada: «¿Y si le molesta encontrarse con cosas que no son suyas? ¿Y si le parece que me estoy tomando demasiadas confianzas? ¿Y si ocupo demasiado espacio?».

Por un lado, Amber tenía miedo de cómo podría reaccionar Miranda y, por otro, sentía dentro una resistencia muy fuerte a relajarse y hacerse la vida más fácil. Literal y figuradamente, le daba pavor ocupar demasiado espacio y que Miranda la juzgara por ello y la rechazara, pese a que su pareja no le hubiera demostrado en ningún momento sino aceptación y adoración. Amber reconoció que, a veces, el que alguien la aceptara tan incondicionalmente y no repitiera los mismos comentarios críticos que llevaba oyendo toda su vida le parecía demasiado maravilloso para ser verdad.

Tras procesar esta intrincada situación en las sesiones de terapia y pasar algo de tiempo con una amiga que la había animado mucho, Amber empezó a reflexionar con más calma sobre qué era lo que de verdad quería y necesitaba. Escribía regularmente en su diario e incluso tomaba notas en el teléfono móvil cada vez que aparecían miedos y barreras del pasado que no la dejaban identificar cuáles eran sus auténticos deseos. Prestaba mucha atención a las señales que le indicaban que Miranda la quería y la aceptaba tal como era, y también tomaba nota mental de ellas para tenerlas presentes en todo momento. En lugar de confirmarse sus más intensos temores, Amber encontraba cada vez más pruebas de que Miranda estaba deseando que ocupara más espacio, no menos. Se dio cuenta de que, por debajo de los miedos y los discursos negativos, lo cierto es que se consideraba una compañera valiosa, con derecho a ocupar igual espacio que Miranda.

Una vez que tuvo más claro lo que quería y necesitaba, decidió averiguar de forma sencilla y directa lo que realmente quería saber. Una noche, durante la cena, Amber tomó la palabra: «Me gustaría dejar aquí algunas cosas, por ejemplo el champú y el cepillo de dientes. ¿Qué te parece?». No prolongó la petición ni le dio vueltas, simplemente preguntó lo que le interesaba saber. Miranda respondió con una risa juguetona: «¡Claro! Quiero que estés aquí... ¡y que tengas el aliento fresco!». Amber encontró el camino directo al fondo de la cuestión con una sola pregunta y reclamó su espacio en la casa y en la relación.

Reflexión: Expande tu espacio personal

Tienes derecho a concederte tiempo y espacio a ti misma, aunque tengas dificultades.

¿De qué maneras has reprimido hasta ahora esta parte de ti?

____

____

____

____

____

¿Cómo podrías expandir tu espacio personal a lo largo de esta semana?

____

____

____

____

____

Expande y eleva tu concepto de ti misma

Tienes derecho a vivir sin vergüenza y a que se te trate con respeto, aunque seas imperfecta

Tienes que ser sincera contigo misma y aceptar lo que vales. Que tengas dificultades no te hace perder el derecho a que te traten con respeto.

Tienes derecho a alejarte de cualquiera que te ofrezca una ayuda contraproducente. Entendemos por ayuda contraproducente el apoyo o el deseo de apoyarte que vayan acompañados de una dañina dosis de críticas. Un ejemplo de esto sería el de la amiga que se ofrece a ayudarte a organizar tu casa y lo primero que dice al entrar es: «¡¿Cómo puedes vivir así?!». Por definición, la ayuda contraproducente no es ayuda.

Incluso aunque alguien haya hecho mucho por ayudarte, tienes derecho a expresar tu decepción, frustración o enfado. Tienes el mismo derecho que los demás a expresar tus sentimientos o quejas de un modo respetuoso. No le debes nada a nadie porque tengas TDAH.

No le debes nada a nadie porque tengas TDAH.

Este aspecto de la expansión se traduce en que, independientemente de que necesites ayuda, tengas el coraje de expresar lo que sientes. Tienes derecho a vivir sin los límites que impone la vergüenza y a que se te trate con respeto, a pesar de que seas imperfecta.

Reflexión: Expande y eleva tu concepto de ti misma

Tienes derecho a vivir sin vergüenza y a que se te trate con respeto, aunque seas imperfecta.

¿De qué maneras has reprimido hasta ahora esta parte de ti?

____

____

____

____

____

¿Cómo podrías expandir cuánto te valoras como persona a lo largo de esta semana?

____

____

____

____

____

Expande tu disposición a pedir ayuda

Tienes derecho a pedir ayuda, a pesar de tus muchas aptitudes

Si eres como muchas de las mujeres que tienen TDAH, puede que pases tan bien por «normal» que nadie se dé cuenta de que estás encubriendo lo difícil que te resulta hacer algunas cosas. Si es así, cabe también la posibilidad de que hayas organizado tu vida de una forma que te permita utilizar tus puntos fuertes para compensar tus deficiencias. Esto no es engañar a nadie. Esto es lo que ocurre cuando has sido capaz de crear las condiciones, o situarte en los entornos, en que puedes prosperar e incluso triunfar. A pesar de todo, tal vez sientas que eres una impostora porque solo tú sabes la desorganización o la cantidad de momentos de frustración que hay detrás de esos resultados brillantes y el inmenso trabajo que has tenido que hacer para que nadie se dé cuenta.

Bien, es importante que en esas situaciones recuerdes esto: no eres una impostora. Eres alguien que ha encontrado la manera de aprovechar sus mejores cualidades. Son reales. No engañas a nadie por hacerle ver tus puntos fuertes. Tus puntos fuertes son tan tuyos como tus deficiencias. Ser una persona completa significa reconocer ambas facetas de ti. Ni la una ni la otra te definen, y ninguna de las dos anula a la otra. Puedes ser una persona inteligente y con talento para algunas cosas y destacar en ellas, y a la vez tener dificultad para otras y permitirte pedir ayuda cuando la necesitas.

Este aspecto de la expansión se traduce en atreverte a pedir lo que necesitas incluso en situaciones en las que nadie tiene conocimiento de tus dificultades. Aunque tengas muchas aptitudes y pases por neurotípica, sigues teniendo derecho a pedir ayuda y apoyo.

Reflexión: Expande tu disposición a pedir ayuda

Tienes derecho a pedir ayuda, a pesar de tus muchas aptitudes.

¿De qué maneras has reprimido hasta ahora esta parte de ti?

____

____

____

____

____

¿Cómo podrías expandir tu disposición a pedir ayuda a lo largo de esta semana?

____

____

____

____

____

Pequeños pasos: identifica los límites de tu zona de confort

La mayoría de la gente entiende el concepto de zona de confort y puede aplicarlo fácilmente a su vida. Nuestra zona de confort es, por así decir, el territorio interior habitado por todo aquello que nos resulta familiar, en el que nos sentimos cómodas y capaces de responder con soltura a las exigencias del entorno, y donde nada nos produce más allá de un grado mínimo de estrés.

Quizá estés pensando: *A ver, yo diría que, para poder expandirme o hacer algo radicalmente nuevo, mejor estar interiormente en calma y tener una sensación de control. Es una ventaja no tener estrés, ¿no?* Bueno, hasta cierto punto sí, claro... Hasta cierto punto. Esto es lo que dice el psicólogo Daniel Goleman:

> Cuando las exigencias son tantas que no podemos gestionarlas, cuando la presión nos desborda, cuando tenemos demasiado que hacer y nos falta tiempo o apoyo, entramos en la zona del estrés malo. Un poco más allá de la zona óptima, en lo alto del arco de rendimiento, hay un punto de inflexión donde el cerebro produce demasiadas hormonas del estrés, que empiezan a afectar a nuestra capacidad de trabajar bien, de innovar, de escuchar y de hacer planes de un modo eficaz (2012).

Cómo encontrar el punto óptimo

A la hora de probar una nueva forma de hacer las cosas, la clave para encontrar tu «zona de rendimiento óptimo» (White 2009) es dar con la cantidad y el tipo de estrés adecuados, es decir, con un estado en el que no estés sobrecargada de estímulos pero tampoco insuficientemente estimulada. Se trata de que encuentres el punto en el que puedas mantener el fuego encendido y haya ascuas crepitantes, ¡pero sin que exista peligro de que se incendie la casa! O, como dice el escritor y conferenciante Neale Donald Walsch (2012): «La vida comienza donde termina tu zona de confort».

Fíjate en que se te anima a que acojas con gusto cierto grado de estrés, no a que lo rehúyas. Como dijo, según cuentan, el psicólogo Abraham Maslow: «Uno puede elegir retroceder hacia la seguridad o avanzar hacia el crecimiento. El crecimiento debe elegirse una y otra vez; el miedo debe superarse una y otra vez». El crecimiento personal no nace de un espacio cómodo; la creación tiene una buena dosis de incertidumbre, y dar a luz algo que valga la pena va siempre acompañado de incomodidades. Recordar esto será la plataforma interior que te dará seguridad para conseguir futuros éxitos.

> ***El crecimiento personal no nace de un espacio cómodo; la creación tiene una buena dosis de incertidumbre, y dar a luz algo que valga la pena va siempre acompañado de incomodidades.***

Para expandirte más allá de tu zona de confort, necesitarás coraje y práctica. No es algo que vaya a ocurrir por sí solo: tendrás que trabajar en serio; a veces avanzarás dos pasos y retrocederás uno. Así es como se producen los cambios. En lugar de caer en la trampa del todo o nada, que con tanta frecuencia nos hace desistir de nuestros propósitos y rendirnos, puedes buscar alternativas que te ayuden a encontrar el nivel óptimo de estrés, sin retroceder ni descartar todas las posibilidades.

Eres capaz de hacerlo

Para poder salir de tu zona de confort, tienes que sentir en lo más profundo de ti que eres capaz de dar el paso. En lugar de tener la impresión de que las experiencias son algo que te ocurre –algo sobre lo que no tienes control, que depende de otras personas y de factores externos–, recupera tu sensación de poder personal y reconoce que tienes influencia sobre lo que sucede. A esto se le llama tener la percepción de que el *locus de control* –el lugar donde está situado el agente causal de los acontecimientos de tu vida cotidiana– es *interno*, en lugar de externo. ¡Tus decisiones importan!

Las investigaciones han revelado que las personas que tienen una clara percepción de que el locus de control es interno suelen sentirse mejor consigo mismas, tienen más iniciativa, afrontan las adversidades con mayor eficacia y experimentan menos ansiedad y depresión. La dificultad radica, no obstante, en que esa percepción puede variar fácilmente y, en función de si las experiencias cotidianas son de éxito o de fracaso, ser sustituida por la percepción de que el locus de control es externo en lugar de interno (Ryon y Gleason 2014). Como persona con TDAH, es posible que –desde tu punto de vista– hayas hecho muchos «intentos fallidos» y que, como consecuencia, hayas acabado por creer que dar un paso hacia cualquier objetivo no servirá de nada. Sin embargo, a medida que vayas viendo cada vez más claro que los cambios que quieres hacer son una elección intencional que está bajo tu control, te irá resultando cada vez más fácil abrirte al crecimiento y la expansión. Esto es el resultado de tomar pequeñas decisiones que te llevan a nuevas experiencias de éxito.

La experiencia de Janna: Empezar cerca para llegar lejos

Janna sabía que, para hacer realidad la expansión personal que deseaba, un factor importante era participar más activamente en el yoga. Su visión era unirse a alguna comunidad de yoga o inscribirse en algún programa formativo.

Cuando vio anunciado un retiro que era exactamente lo que había imaginado, se puso muy contenta. Sin embargo, unos momentos después se sorprendió de que el miedo y un profundo malestar se apoderaran de ella. Había encontrado justo aquello con lo que soñaba –un retiro de yoga en un lugar del mundo precioso y que le permitiría formar parte de una comunidad de personas con ideas afines y recibir clases de formadores expertos– pero, cuando llegó el momento de inscribirse, vio que no iba a seguir adelante. Le pareció que no tenía sentido.

En el proceso de «desenredar la maraña», Janna fue capaz de diferenciar qué parte de esa inacción era producto del TDAH y qué parte provenía del miedo a salir de su zona de confort. Y también fue capaz de reconocer el momento en el que empezó a caer en su habitual tendencia a reprenderse a sí misma por no dar el paso y avanzar a toda máquina hacia su objetivo.

Por suerte, se dio cuenta de que maltratarse de aquella manera no iba a hacer que se sintiera precisamente motivada. Recordó que podía ser un agente activo en la realización de su sueño; en lugar de lanzarse de cabeza, podía empezar por darse un empujoncito y, simplemente, salir de su zona de confort. No tenía por qué dar de inmediato el salto definitivo.

Tomó la decisión de avanzar poco a poco en lugar de presionarse tanto. Cuando empezó a informarse, supo que se impartía un taller de yoga cerca de su casa y le pidió a una amiga que por favor le enviara de vez en cuando un mensaje de texto para recordarle que se apuntara. Aunque su amiga le enviaba cada dos días el mensaje tal como había prometido, Janna se resistía a tomar la decisión final de inscribirse. Cuando vio que dar el paso le provocaba demasiada ansiedad y que no iba a poder hacerlo sola, en vez de claudicar le pidió a su amiga que fuera a sentarse a su lado frente al ordenador para darle apoyo moral. Finalmente, con el apoyo emocional de su amiga, sus temores se aplacaron y pudo rellenar el formulario e inscribirse en el taller. Desde el punto de vista del TDAH, decidirse a pedirle a su amiga que estuviera con ella en esos momentos fue como pulsar el botón de «puesta en marcha» (una estupenda estrategia para cualquier persona con TDAH); con esa decisión, había encontrado la manera de ofrecerse a sí misma la energía que necesitaba para dar el paso y, también, el momento concreto en el que darlo.

A la vista de lo grata que le resultó la experiencia de aquel taller, se inscribió con la mayor facilidad en unas clases continuas del mismo método de yoga. Con el tiempo, se hizo amiga de una compañera de clase que también quería asistir a aquel retiro de yoga que Janna había descubierto tiempo atrás, y que se organizaba todos los años en un lugar precioso de la región. Al año siguiente, cuando lo vio anunciado de nuevo, su zona de confort se había expandido, y el límite se encontraba justamente en el punto que le permitió, sin la menor duda, apuntarse y asistir.

El malestar puede ser indicio de que estás justo al borde de tu zona de confort. Si abres bien los ojos y exploras tu entorno relajadamente, es probable que algo te motive, que la resistencia desaparezca, y que te adentres sin esfuerzo en un territorio nuevo y atractivo.

Cuando te encuentres con la posibilidad de brillar o con una actividad que será posiblemente una oportunidad de que te vean, te escuchen y te conozcan –o de hacer realidad tu visión y tu nuevo relato de ti misma–, tal vez sientas cierto malestar y resistencia. Si es así, toma nota. Ese malestar puede ser indicio de que estás justo al borde de tu zona de confort. Si abres bien los ojos y exploras tu entorno relajadamente, es probable que algo te motive, que la resistencia desaparezca, y que te adentres sin esfuerzo en un territorio nuevo y atractivo.

Si al ir acercándote al límite de tu zona de confort notas que las dudas y la ansiedad se intensifican, también puede ser señal de que necesitas dar un paso atrás y probar algo a menor escala. En lugar de poner la vista en tu objetivo y pensar en todo lo que tienes por delante hasta lograrlo, piensa en el paso *siguiente*, en el paso mínimo que te acercará un poco más a lo que deseas. Y si aun así te sientes abrumada o confusa, prueba a dividir incluso ese paso mínimo en pasitos todavía más pequeños.

Lo importante es que ni retrocedas del todo y te rindas, ni intentes dar un paso demasiado grande. Como Janna, puede que también tú necesites apoyo humano que te ayude a fijar el momento y la acción concretos para iniciar una nueva aventura.

Averigua cuál es tu límite

Llegará un momento en el que tu zona de confort se habrá expandido lo suficiente para dar cabida fácilmente a tu visión. No se producirá de la noche a la mañana, irá ocurriendo poco a poco. Pero si te enfocas una y otra vez en el siguiente paso, en ese paso mínimo en la dirección deseada, ¡llegará ese momento!

Reflexión: Tu zona de confort

Al llegar al borde de tu zona de confort, ¿qué paso concreto te ayudaría a avanzar hacia tu visión?

____

____

____

____

____

____

Zonas de confort específicas del TDAH

Al igual que necesitas expandir tu zona de confort para que dé cabida a tu visión, es posible que desees o necesites expandir tu zona de confort en situaciones específicas del TDAH.

Por ejemplo, supongamos que tu objetivo es saber más sobre este trastorno y contar con apoyo emocional y estrategias prácticas. En esta situación, tal vez estés dispuesta a ver un seminario web, pero no te sientas preparada aún para ponerte en contacto con un *coach* o alguien que te ayude a organizarte. O es posible que sí te sientas preparada para acudir a un grupo de apoyo que se reúna en algún lugar cercano, o incluso para ponerte en contacto con un *coach*, y el reto sea llegar a estar dispuesta a hacer algo más arriesgado, como sería asistir a una conferencia nacional sobre el TDAH fuera de tu ciudad.

***Descubrimiento:* Avanza hacia el límite de tu zona de confort**

La siguiente lista incluye algunas formas concretas en que a muchas mujeres con TDAH les gustaría atreverse a avanzar hacia el límite de su zona de confort, restringida por el TDAH. Marca cualquiera de ellas que te diga algo.

- ☐ Pedir cierta flexibilidad en algunos aspectos del rabajo.
- ☐ Pedir que se hagan ciertos cambios en casa.
- ☐ Expresar con naturalidad mis necesidades debidas al TDAH sin tener que revelar el diagnóstico.

- ☐ Pedir a las personas queridas que se informen mejor sobre el TDAH.
- ☐ Dar prioridad a tener tiempo para mí y comprometerme a encontrarlo.
- ☐ Probar alguna actividad nueva y persistir en ella con más empeño del habitual.
- ☐ Conocer a gente nueva, ir a grupos de apoyo.
- ☐ Llamar por teléfono a personas que me importan.
- ☐ Reestablecer amistades tras haber perdido el contacto.
- ☐ Volver a estudiar, obtener un certificado de estudios, ir a clases por diversión.
- ☐ Reafirmarme ante las personas queridas.
- ☐ Implicarme más en asuntos y actividades relacionados con el TDAH.
- ☐ Ayudar a otras mujeres que tengan TDAH.
- ☐ Colaborar como voluntaria con alguna organización de ayuda a personas con TDAH o en algún evento de concienciación sobre el tema.

Reflexión: ¿Dónde está tu límite?

Describe en qué aspectos de tu vida con TDAH te gustaría llegar un poco más lejos. ¿Qué tipo de comportamientos son habituales en ti mientras te mantienes dentro de tu zona de confort?

____

____

____

____

____

¿Cómo te sientes y cómo interactúas contigo misma y con los demás estando en esa zona?

____

____

____

____

____

¿Qué paso estás dispuesta a dar esta semana para acercarte al límite?

____

____

____

____

____

Mientras avanzas en el viaje hacia tu objetivo de hacerte ver y escuchar y dejar que te conozcan, te recomendamos que consultes a menudo la Declaración de Independencia de las Mujeres con TDAH (página 190) y recuerdes en todo momento los siete derechos que debes hacer valer, a pesar de que tengas dificultades. Estás en el proceso de expandir tu vida; ¡tienes derecho a reclamar esa expansión!

Conclusiones útiles sobre el TDAH que podemos sacar de este capítulo

- Para que te resulte natural expandir tu concepto de ti misma, tu vida y tus relaciones, recuerda que tienes derechos, a pesar de tus dificultades.
- Aunque tengas dificultades, eres una mujer valiosa. Y aunque tengas grandes aptitudes, puedes pedir ayuda.
- Siéntete cómoda expandiéndote y reclamando tus derechos, aunque quizá tengas que avanzar despacio, pasito a pasito, hacia la realización de tus sueños.

Tercera parte

Más audaz

A la vida le encanta que la agarren de la solapa y le digan: «Estoy contigo, pequeña. Vamos».

–Maya Angelou

La tercera parte de este cuaderno de trabajo, titulada «Más audaz», se centra en las medidas concretas que debemos tomar para asumir el control de nuestra vida, con gusto e intención, como mujeres con TDAH. Como dice Maya Angelou, la vida exige –y merece– que nos entreguemos activamente a ella. Implicarnos con determinación en nuestra vida singular y compleja, abiertas a experimentar, es lo que nos hace estar auténtica y espléndidamente vivas.

Hay un detalle más –un detalle crucial– que debemos tener presente las mujeres con TDAH para poder vivir con plenitud. La verdad es que nosotras necesitaremos más tiempo, esfuerzos, apoyo y fortaleza para poder acoger la vida como es e implicarnos en ella activamente. Aunque esto supondrá una mayor dificultad, el lado bueno es que, como *necesitamos* hacerlo, no corremos el riesgo de no valorar cada pequeño logro ni tampoco el de dejar las cosas al azar.

Eso significa que tenemos la gran posibilidad de vivir con intencionalidad una vida plena y abierta, una vida que no nos ocurra solo por accidente. Cuando esa vida se hace realidad, ¡es porque la hemos reivindicado y nos la hemos ganado con cada arduo paso del camino! Cuando la hacemos nuestra y la integramos y nos sentimos orgullosas de ella, sabemos para siempre que podemos recurrir a nuestra fortaleza en los momentos difíciles. Paradójicamente, ¡qué inmensa sensación de seguridad nos proporciona el que nos haya costado tantos esfuerzos hacer realidad nuestro sueño!

¿A qué esperas? Da un paso adelante, ¡con audacia!

Capítulo 8

Sé la protagonista de tu vida

Siéntete cómoda siendo el centro de atención

Llevar una vida audaz como mujer con TDAH implica hacerse cada vez más visible, hablar con voz más fuerte y captar y mantener la atención de otras personas. Al hacerlo, te permites entrar más plenamente en una vida rica y auténtica en la que te sientas segura de ti misma y tengas claridad. Ahora veremos cómo puedes empezar a vivir cada vez más en el centro del escenario de tu vida.

Ocupa el centro del escenario

Quizá de entrada te inquiete leer las palabras *ocupa el centro del escenario*. Quizá te incomode pronunciarlas en voz alta porque te preocupa parecer engreída o egocéntrica. Sea cual sea tu reacción inmediata, date cuenta de ella y no le concedas más importancia; muchas tardamos tiempo en acostumbrarnos a la idea de que podemos atraer la atención sin dejar de ser modestas, conectar de verdad y aceptarnos como somos.

Ocupar el centro del escenario no significa ser narcisista o que todo gire a tu alrededor. Significa actuar de tal modo que seas relevante y participes, como una igual, en relaciones de reciprocidad. No es presumir, sino participar en la vida plenamente y en igualdad.

El centro del escenario puede representar para ti distintas cosas, o adoptar gran variedad de formas, atendiendo a tus objetivos, necesidades y sueños particulares. Puede abarcar toda una diversidad de situaciones. He aquí algunos ejemplos:

- Estar dispuesta a «molestar» más a la gente poniendo de manifiesto tus necesidades y deseos, y a ser menos flexible y complaciente con los demás.
- Mostrarte ante la gente de un modo que revele tus talentos, intereses o ideas.
- Dar prioridad a tus necesidades y a cuidarte tú, aunque haya gente que reclama tu atención y tus cuidados.
- Hacer saber a la gente que tienes algo valioso que decir o algo que es importante para ti y que quieres comunicar.

Te mereces un sitio en la mesa

Puede que no estés acostumbrada a que la gente demuestre particular interés por ti o por lo que dices. Si tu modalidad de TDAH es principalmente inatenta, quizá estés más acostumbrada a que no se te tenga demasiado en cuenta o a vivir en segundo plano; y si eres más bien extravertida, o tienes la modalidad combinada de TDAH, es posible que hables y te muevas más, pero aun así hayas tenido que soportar el dolor de que se te ignore.

En cualquiera de los casos, tal vez no tengas mucha experiencia en captar la atención de la gente y en que luego sigan escuchándote con verdadero interés. Podría ser que, a causa del TDAH y del autoconcepto que este te ha generado, hayas adquirido el hábito de transmitir –con palabras o sin palabras, siendo o no siendo consciente de ello– que no crees que tengas nada que aportar, o al menos nada que valga la pena oír.

En realidad, ser audaz y tener presencia no significa necesariamente hablar de tus logros. Es algo más esencial: consiste en creer desde lo más profundo de ti que, cuando estás con otras personas, tanto si eres más bien callada como si eres más bien hiperactiva, mereces un sitio en la mesa o en el grupo, sea cual sea la situación.

Pero ¿por qué me cuesta tanto?

Hay diversos motivos por los que las mujeres con TDAH podemos tener dificultad para expresarnos verbalmente, pero el hecho es que esa dificultad crea de inmediato una barrera que impide que nos vean, nos escuchen con interés y nos conozcan. La dificultad para organizar los pensamientos, para seguir durante unos minutos el hilo de lo que estamos contando, para recordar en qué punto de la conversación estamos o para no divagar y extraviarnos por completo suele causarnos ansiedad a aquellas de nosotras que queremos ocupar el centro del escenario, ya sea en el trabajo o en nuestra vida personal.

El siguiente relato describe cómo, con constancia y paciencia, podemos aprender a mantener el protagonismo un poco más de tiempo del que en principio nos resulta cómodo. Habla también de cómo los medicamentos adecuados pueden ayudarte a vivir con TDAH. Mucha gente toma la medicación y se siente con más energía, pero no todo el mundo aprende a sacarle el máximo partido.

La experiencia de Sari: Ser el centro de atención

La primera vez que tomé medicación para el TDAH fue también la primera vez que conté una historia completa en una cena con un grupo de personas. Lo increíble era que, para gran sorpresa mía, ¡la gente me escuchaba! Este es un ejemplo de cómo la medicación para el TDAH me sirvió de base y me dio el combustible y la organización mental que necesitaba para encadenar tantas palabras de forma comprensible y seguir haciéndolo durante al menos cinco minutos. Para mí fue todo un récord en aquellos momentos y en este tipo de situaciones. En otras palabras, no lo había ensayado ni tenía un guion; ¡éramos solo mi cerebro y yo espontáneamente en vivo!

Respiré hondo y me lancé. Las palabras salían en orden y captaron el interés de todos los que estaban en aquella cena durante cinco minutos más de lo acostumbrado. Lo que quería contar era solo una anécdota; había ocurrido algo sin demasiada trascendencia que me parecía interesante. Pero me exigía una gran organización mental contarla y que fuera comprensible, siguiendo el orden cronológico y de un modo lo bastante ameno como para captar la atención de todos. Me exigía también vencer el miedo a que dejaran de atenderme de puro aburrimiento o a perder el hilo y quedarme callada a mitad de frase, abochornada por ser incapaz de comunicar lo que quería. La historia en sí era intrascendente, pero encontrar el valor para extenderme más hacia el centro del escenario y hallar mi voz fue un paso formidable; expandió mi zona de confort y me preparó para dar un paso aún mayor la siguiente vez.

Tener el diagnóstico y la medicación adecuada me dio acceso a mis pensamientos de una forma nueva. Ahora tenía el combustible que sustentaba mis pensamientos, pero fui yo la que tuvo que atreverse a avanzar. La medicación me proporcionó las condiciones cerebrales que lo hicieron posible, pero fui yo, Sari, la que asumió el riesgo. Tuve que creer que tenía algo interesante que decir y que no pasaría nada si a nadie más se lo parecía.

Si eres una mujer inatenta a la que a menudo le cuesta incluso empezar a hablar, es posible que te hayas sentido identificada con lo que describe este relato. Y aquellas que os encontráis en el lado hiperactivo e impulsivo del espectro del TDAH, aunque probablemente no os sintáis identificadas con la imposibilidad para hablar, seguro que experimentáis otra clase de impedimentos relacionados con la comunicación.

Si las mujeres con un TDAH de tipo más bien callado se contienen, otras –por lo general las que tienen un TDAH de rasgos combinados– podrían lanzarse impulsivamente y hablar muchísimo. Si te sientes identificada con el tipo de TDAH menos inhibido verbalmente, quizá te resulte fácil hablar de cantidad de temas distintos conectando sin parar una idea a otra, pero es posible que te sientas frustrada al ver que no eres capaz de contenerte un poco, por muchos esfuerzos que hagas.

En este caso, cabe la posibilidad de que tu interlocutor se sienta abrumado, perdido, confundido, molesto, desconcertado o incluso herido por la avalancha de palabras o por una afirmación que se te ha escapado, sin haberlo podido evitar, y que ni siquiera sabes a qué viene. Tal vez esa persona no encuentre el momento de intervenir en la conversación ni de ponerle fin, lo cual le hace sentir que le estás imponiendo que te escuche o que no la estás tratando como a una igual en vuestra supuesta interacción. A veces las palabras son un mecanismo de defensa; se erigen como un muro que impide que nadie se te acerque, en lugar de ser un puente que invita a la conexión. De modo que, aun en este caso, cabe la posibilidad de que te sientas invisible.

De modo que, si te das cuenta de que tiendes a hablar mucho, o demasiado rápido o en estilo circular, quizá te convendría aprender a hablar más despacio y a hacer una pausa de vez en cuando. Tomar unas notas sobre esto, mentales o escritas, que te sirvan de recordatorio podría ser una ayuda para, en lugar de lanzarte de cabeza, ser más cautelosa y entrar desde la orilla, metiendo primero un pie, dedo a dedo. Quizá tengas que aprender a observar la situación y el tipo de interacciones que mantiene otra gente. Quizá tengas que pararte y pensar qué impresión quieres causar, antes de lanzarte al agua.

Por tanto, sea cual sea la categoría con la que más te identifiques, el objetivo es el mismo: causar una impresión, que te vean, te escuchen y te conozcan. Tendrás que arriesgarte a sentirte incómoda y vulnerable cuando pruebes nuevas formas de abrirte. Si tienes tendencia a hablar en exceso, la medicación te ayudará a hacer pausas mientras hablas, a centrarte y a organizar los pensamientos para facilitar la comunicación, pero la práctica y la presencia serán lo que hará que te acostumbres a expresarte de una manera nueva. Si estás presente en cada situación, empezarás a darte cuenta de lo que es oportuno hacer para que la gente conozca lo que hay dentro de ti.

Cuando empieces a expandirte y estés abierta a probar una forma de comunicarte más satisfactoria, recuerda que el que seas capaz de captar el interés de la gente no depende simplemente de con qué facilidad hables o durante cuánto tiempo seguido. Lo importante es la intención, la presencia, la conexión. Es esto lo que la gente capta.

> ***Para poder ocupar tu lugar en el mundo, el primer paso es creer en tu derecho a estar aquí.***

Para poder ocupar tu lugar en el mundo, el primer paso es creer en tu derecho a estar aquí. Empieza a creer que mereces un sitio en la mesa.

Tres formas de seguir siendo la protagonista de tu vida

Algunas dificultades a las que tienes que hacer frente están asociadas al hecho de que seas una mujer, y otras, al TDAH. Cuando las peculiaridades de este trastorno se combinan con los mensajes o lecciones culturales que has aprendido como mujer, la mezcla puede hacer que seas demasiado complaciente con todo el mundo, menos capaz de expresar abiertamente tus ideas o necesidades y proclive a retraerte a fin de evitar que te vean con claridad. Para contrarrestar estos efectos, he aquí tres sugerencias importantes para que, una vez que ocupes el centro del escenario que es tu vida, continúes en él:

- Sé menos complaciente
- Haz oír tu voz
- Hazte más visible

Sé menos complaciente

Una forma de permanecer en el centro del escenario es haciendo que tu vida no gire tanto en torno a las necesidades de los demás. (¡El solo hecho de escribirlo parece ya una herejía!, así que permite que nos expliquemos).

¿Has aprendido a estar siempre a disposición de los demás y a no prestar atención a tus necesidades, en lugar de pedir la ayuda que tú necesitas y mereces? Como mujer con TDAH, es probable que necesites de los demás ciertas adaptaciones o apoyo para poder funcionar de forma óptima, pero también es probable que no digas nada y continúes dando prioridad a los demás. Puede que te amoldes y seas complaciente para no tener que soportar que se acumulen las peticiones de ayuda o de atención y, por si fuera poco, te lleguen con una carga emocional añadida; o para reducir a corto plazo el estrés, o sencillamente porque, en tu infancia, este es el rol que aprendiste que deberías cumplir un día en tu familia o en cualquier grupo. Si has establecido que tu identidad es la de cuidadora, o si te valoras basándote en que te necesiten, es muy probable que nunca tengas tiempo para ti, lo cual será perjudicial para tu salud y hará que no te resulte fácil saber con claridad quién eres. Una excesiva complacencia es señal de que no estás siendo la protagonista de tu vida.

> ***Una excesiva complacencia es señal de que no estás siendo la protagonista de tu vida.***

A causa del TDAH, es posible que te dejes atraer fácilmente por los «objetos brillantes». Entre ellos podrían estar ciertas personas que ocupan mucho espacio en tu vida o necesitan tu ayuda, o situaciones en las que no te cuesta aceptar un papel secundario. Pero no siempre tienes por qué desempeñar un papel secundario.

¿Qué puedes hacer para tener más protagonismo en tu vida?

- ☐ Pedir ayuda
- ☐ Asegurarme de que los demás saben de mis necesidades
- ☐ Decidir los planes y dejar que los demás orbiten a veces a mi alrededor
- ☐ Permitirme ser el centro de atención durante más tiempo del que es habitual en mí
- ☐ Reclamar tiempo, espacio y cuidados para mí misma

- ☐ Expresar mis opiniones, ideas o habilidades con más firmeza
- ☐ Otros: ______________________________

En situaciones benignas o de bajo riesgo, te animamos a que busques oportunidades de explicar con cierto detalle o extensión lo que quieres o necesitas, aun sabiendo que estás creándole un ligero malestar a quien te escucha, y te animamos a que te acostumbres a tolerar el malestar de tu interlocutor. Invertir tu actitud de esta manera –y asumir una posición de poder en vez de resignarte a vivir eternamente en segundo plano– hará que estés más preparada para pedir lo que necesitas o para hablar de ti con más soltura y franqueza, en cualquier situación.

Utiliza tu voz

A muchas mujeres les cuesta un esfuerzo inmenso encontrar y utilizar su voz. Cuando las barreras culturales y de género se combinan con las dificultades derivadas del TDAH, la intersección de los bloqueos es tan compleja que a veces nos quedamos literalmente mudas. En el proceso de expandirte y recuperar tu poder personal como mujer con TDAH, te será de gran ayuda examinar cómo puedes usar tu voz para captar y mantener la atención de la gente y producirles una impresión favorable.

En nuestro concepto de audacia, hablar es más fácil cuando crees en tu visión y la comprendes. Hacer uso de tu voz significa reescribir *cualquier* relato que hayas creado que la infravalore y reclamar tu derecho a hablar y a que se escuche tu voz, tanto cuando estás a solas como con otras personas. Las palabras de Audre Lorde (1977) que citamos a continuación hablan de la alegría interior y el espíritu creativo de muchas mujeres con TDAH, mujeres que quieren tener una vida plena y valiosa siendo ellas mismas, con su singularidad, no sin ella o a pesar de ella:

> Y hablar será cada vez más fácil. Y descubrirás que te has enamorado de tu propia visión, que tal vez nunca te habías dado cuenta de que tenías. Y perderás a algunos amantes, y amigos, y te darás cuenta de que no los extrañas. Y habrá personas nuevas que te encontrarán y te adorarán. Y seguirás coqueteando y pintándote las uñas, poniéndote guapa y yendo a las fiestas, porque, como creo que dijo Emma Goldman: «Si no puedo bailar, no quiero formar parte de tu revolución». Y por fin sabrás con absoluta certeza que solo hay una cosa más aterradora que decir tu verdad, y es no decirla.

Es muy importante que hagas uso de tu voz. Tu voz puede influir en otras mujeres, darte la fuerza que necesitas y facilitar el cambio. Nuestra voz puede hundir a una persona o darle seguridad y elevarla, puede herir y puede curar. Cuanto más dueña seas de tu voz y más la utilices –con intención, confianza y cuidado–, más experimentarás una sensación de poder. No poder sobre los demás, sino un poder que viene de dentro y que transmite una especie de seguridad silenciosa y confiada que solo nace de estar en paz con una misma, sin reservas.

Muy pocas personas poseen el don natural de saber comunicarse con eficacia, tengan o no TDAH. Es una habilidad que requiere tiempo, presencia y dedicación. Recuerda que no hablamos por hablar; hablamos para conectar.

CÓMO Y POR QUÉ NOS AUTOSILENCIAMOS

Muchas mujeres (no solo mujeres con TDAH) utilizan expresiones o elementos minimizadores para suavizar el impacto de sus palabras cuando, en realidad, lo que desean es intensificar el impacto. Suele ocurrir especialmente cuando se sienten ignoradas o dominadas, o cuando la persona con la que intentan comunicarse las interrumpe a cada momento y no las deja hablar (por lo general un hombre, o una mujer que ocupe un puesto de autoridad, o alguien que tenga una tendencia natural a expresarse con firmeza).

Las mujeres, cuando queremos intervenir en una conversación, o hacer una petición que podría sonar demasiado directa, o nos sentimos por algún motivo en posición de inferioridad en una interacción o un grupo, solemos empezar diciendo: «Disculpa, me gustaría...» o «Puede que sea una tontería lo que voy a preguntar, pero...». Y si queremos plantear una cuestión o iniciar un debate, puede que lo introduzcamos con un: «Perdona que te moleste»; «Perdona, no entiendo lo que quieres decir»; «Perdona, pero ¿te importaría...?», o «Perdona que te pregunte...».

¿Qué va a ser lo siguiente: «perdona que exista»?

Autosilenciarte hace que te sientas invisible, impotente y tan insignificante que no mereces que se te escuche. En última instancia, puede provocarte mucho dolor y resentimiento. El mensaje involuntario que tu actitud le transmite a la persona con la que estás hablando es que realmente no tienes demasiada voz (ya que la has mantenido escondida) o que puede interrumpirte sin atender a lo que dices y que a ti te parece bien que lo haga (aunque no te lo parezca en absoluto). O es posible que, con el tiempo, hayas llegado a creer de verdad que te corresponde vivir en segundo plano y lo consideras aceptable, o te ha parecido que era una posición más segura o incluso familiar, porque es la que tradicionalmente han ocupado tantas mujeres. Es curioso que acabemos por crear justamente aquello que más tememos y más nos esforzamos por evitar, ¿no te parece? Así es como nos convertimos en nuestras propias silenciadoras supremas.

EXPRESIONES DESCALIFICADORAS: ¡NO TE DESACREDITES!

La escritora Tara Mohr (2014) analiza las formas en que las mujeres reducen el impacto de su discurso por medio de matizaciones y modificadores lingüísticos. Uno de ellos, de efecto similar a *lo siento*, es la palabra *solo*. Mohr explica que el uso de este modificador –por ejemplo, en «solo quería añadir...» o «solo creo que...»– le quita poder a una mujer. Ese *solo* deja automáticamente sin fuerza lo que hubiera podido ser una idea impactante, pues transmite la sensación de que esa mujer está proponiendo algo que casi no se atreve a poner en palabras, algo por lo que necesita pedir disculpas.

Si no estás segura de que sea válido lo que quieres decir, o de que tienes pleno derecho a decirlo, es fácil que inconscientemente caigas en viejos hábitos que minimizarán el efecto de tus palabras en lugar de potenciarlo. En un intento por transmitirle a tu interlocutor algo equivalente a «no te quiero molestar, pero me gustaría hacerte una propuesta», es posible que tú misma la descalifiques hablando rápido, utilizando muchas más palabras de las necesarias, evitando el contacto visual o no poniendo suficiente énfasis. El objetivo en este caso es ser cada vez más capaz de hacer uso de tu voz con la plena confianza de que la otra persona querrá escuchar lo que vas a proponerle. Para ello, será necesario que respires hondo, hables con más calma, hagas una propuesta clara y directa y asumas tu derecho a expresar lo que piensas.

UTILIZA MENOS ATENUADORES VERBALES

Procura reducir las disculpas cuando vas a hacerle una petición a alguien o necesitas que te dedique un poco de su tiempo. Estate atenta a cada frase tuya que tienda a descalificar lo que dices o a restarte importancia. Prueba a utilizar menos atenuadores verbales.

Deja de anteponer a tu discurso las palabras *solo*, *en realidad* y *lo siento*. Inicia las oraciones sin preámbulos, yendo directa a la acción, y di *gracias* en lugar de *lo siento*. Por ejemplo:

- En lugar de «solo me gustaría añadir que creo que...», prueba a ir directa al grano y decir «yo creo que...».
- En lugar de «en realidad, no estoy muy segura de estar de acuerdo con esto», prueba a decir «no estoy de acuerdo con esto. A mi parecer...».
- En lugar de «si os parece bien, me gustaría decir algo sobre este tema», prueba «hay algo que me gustaría añadir y aún no he tenido la palabra. Opino que...».
- En lugar de «siento quitarte tiempo», prueba a decir «gracias por dedicarme unos minutos».
- En lugar de «siento molestarte», prueba «me gustaría comentarte un asunto. ¿Tienes unos minutos ahora? O, si lo prefieres, podemos hablar a lo largo del día. Cualquier momento entre las dos y las cinco me viene bien».

DEJA QUE HABLE TU CUERPO

Tu lenguaje corporal puede producir gran efecto cuando complementa a tu voz y el mensaje que transmites. La psicóloga social Amy Cuddy (2015) recomienda expandir el lenguaje corporal para que ocupe más espacio y transmita la sensación de que quien habla es una persona segura, fuerte y orgullosa, en lugar de insignificante, débil e inferior. Recomienda ponerse de pie, con los talones firmemente plantados en el suelo y la cabeza alta, la columna vertebral erguida y los hombros echados hacia atrás. Puedes incluso ponerte las manos en las caderas como una superheroína.

Y a la inversa: si estás distraída durante la conversación, tu lenguaje corporal te delatará. Por ejemplo, si te cuesta prestar atención a la persona con la que estás hablando, es probable que desvíes la mirada de un lado a otro o que inclines ligeramente la cabeza hacia otros sonidos o conversaciones.

Estate atenta a tu lenguaje corporal en distintos entornos, grupos y situaciones. ¿Qué patrones observas? Marca los que correspondan:

- ☐ ¿He cruzado los brazos encima del pecho? Los dejo colgar relajados a los lados del cuerpo.
- ☐ ¿Estoy mirando al suelo o hacia otro lado? Levanto el pecho y la cabeza.
- ☐ ¿Estoy mirando a mi interlocutor a los ojos o aparto constantemente la mirada? Intento mantener el contacto visual un poco más de tiempo.
- ☐ ¿He ido encogiéndome y agachando los hombros? Ensancho el pecho y estiro la espalda.
- ☐ ¿Qué mensajes involuntarios está enviando mi lenguaje corporal? Hago pequeños ajustes.

PODER SUAVE: UTILIZA PEQUEÑOS ALENTADORES

Sin embargo, no es necesario que adoptes una postura de poder –con las manos en las caderas y la capa de heroína ondeando al viento– cada vez que hablas con alguien. Para que la comunicación sea fluida y eficaz, debes ser flexible y capaz de adaptarte a las circunstancias del momento. Si quieres que te tomen en serio y, a la vez, no tener que renunciar a tu sensibilidad natural y poder transmitir una dulzura sincera, debes adaptar tu comportamiento a cada situación. Utiliza tu voz de una forma que te permita comunicarte eficazmente con la otra persona y, al mismo tiempo, seguir siendo auténtica y fiel a quien eres y a lo que necesitas.

Cuando estés escuchando a alguien, puedes utilizar *pequeños alentadores* que cumplan una función fática, es decir, expresiones mínimas que comuniquen tu interés por lo que se está diciendo o tu comprensión hacia la otra persona. Son señales breves que le hacen saber que estás presente. Gracias a estos pequeños alentadores la conversación fluye y se mantiene un clima de intimidad. Probablemente ya utilices muchos de ellos: mantener el contacto visual, inclinar la cabeza en señal de interés, asentir con la cabeza, adoptar una expresión facial acorde con la conversación o decir «ajá, sí, claro» en tono genuino. Todos estos pequeños gestos comunican «te escucho y estoy contigo en este momento».

Pero, además, también a ti te sirven de ayuda, por ejemplo en momentos en los que temes perder el hilo de la conversación, ya que dirigen fácilmente tu atención a lo que la otra persona está diciendo sin necesidad de utilizar muchas palabras. Pueden ayudarte a sintonizar con la intención o el sentimiento de esa persona y evitan que te distraigas. Estos pequeños alentadores son estupendas herramientas de conexión: dan mayor presencia a quien los utiliza (la persona que oye) y legitiman a quien los recibe (la que habla). Cuando, con tu forma de escuchar, participas activamente en la conversación, es más fácil que –a pesar del TDAH– tu cerebro y tú estéis centrados.

DI LO QUE QUIERES DECIR

Cuando te pregunten tu opinión o qué prefieres, di la verdad. No desvíes la pregunta ni renuncies a tu capacidad de discernir, una práctica habitual en muchas mujeres. Por ejemplo, si alguien te pregunta «¿quieres que vayamos a un restaurante indio?», en lugar de contestar «como tú quieras», prueba a dar una respuesta más firme. Párate un momento, mira a ver qué te parece a ti y luego comunica con claridad lo que quieres decir auténticamente.

Acostúmbrate a hacer una pausa antes de responder, consulta contigo misma y, después, prueba a iniciar tu respuesta de alguna de estas maneras (sin atenuadores):

- Pienso que...
- Prefiero...
- Me apetece...
- Creo que...
- Me gusta/no me gusta...
- Me encantaría...
- Sé que no quiero...

Juega a ajustar tus comentarios, a hacerlos más breves y directos. Expresa directamente en términos simples y claros lo que de verdad pienses o sientas. Aunque es importante elegir con cuidado las palabras para evitar ofensas o malentendidos, tendemos a hablar mucho más de la cuenta, cuando una respuesta directa y breve no solo sería suficiente, sino que tendría más impacto.

Sobre todo si eres una mujer impulsiva y tienes gran facilidad de palabra, recuerda que tus interlocutores no necesitan conocer los orígenes remotos de lo que les estás contando ni todos los motivos que te han llevado a tomar una decisión. Si ves que los ojos empiezan a ponérseles vidriosos, quizá les estés dando demasiada información de golpe. Divide lo que quieres decir en narraciones más cortas; tendrás más de una oportunidad de hablar. También puedes ensayar con antelación lo que vayas a decir, con otra persona o a solas, o escribir algunas notas para organizarlo. Identifica los aspectos principales que quieres comunicar y lo que te gustaría que tu interlocutor y tú sacarais de la interacción; esto ayudará a que no se te olvide nada y a que el mensaje sea más claro.

Es posible que, al empezar a hablar con alguien, se te vayan ocurriendo muchas otras ideas tangenciales que te gustaría hilvanar con el tema central. Si ves que te distraen o que tienes miedo de que se te hayan olvidado para cuando sea tu turno de hablar, puedes escribirlas rápidamente en un bloc de notas para poder volver a ellas más tarde.

Mantén el contacto visual y vuelve al momento presente cada vez que te distraigas con imágenes, sonidos, pensamientos o incluso con las expresiones faciales de la otra persona. De todos modos, siempre puedes pedirle que repita lo que acaba de decir o que te dé unos instantes para que ordenes tus pensamientos antes de responder. También podrías decir algo como: «Me parecen tan interesantes las ideas que estás exponiendo que prefiero tomar unas notas para acordarme de volver luego a ellas». (¿Quién no querría que le hicieran un cumplido como este?).

A solas, prueba a hablar en un tono de voz un poco más fuerte. Para ello, conecta con un lugar dentro de ti en el que sabes lo que quieres expresar sobre quién eres. Asiéntate en ese espacio y quédate así unos momentos para percibir las sensaciones que te produce reclamar ese derecho.

Hazte más visible

En este capítulo, hasta ahora hemos hablado de hacer valer nuestro espacio y compartir el protagonismo, así como de no desviarnos de nuestra intención ni dejarnos apartar. Hemos hablado de defender nuestro espacio siendo menos complacientes con todos y de hacernos oír intensificando nuestro tono de voz. Ahora vamos a ver cómo hacernos más visibles.

ENCIENDE TU LUZ: MUESTRA QUIÉN ERES

No siempre queremos hablar. No siempre queremos decir lo que pensamos o sentimos. Está bien que sea así, y hay veces en que es incluso lo más apropiado. Pero recuerda que siempre puedes dejar que tu personalidad aflore más, aun hablando menos. Podemos iluminar el espacio que nos rodea, incluso sin decir una palabra, simplemente saliendo de detrás del velo para dejar que brille nuestra verdadera y natural forma de conectar.

La experiencia de Sari: Una chica agradable

Hace muchos años, antes de recibir el diagnóstico y de empezar a tomar la medicación, conocí a la familia de mi marido en un restaurante donde habíamos quedado para cenar. Al cabo de unos días le pregunté a mi futuro esposo qué habían comentado sobre mí. La palabra que habían utilizado todos para describirme era agradable. *A ver, soy muchas cosas, pero* agradable *no sería por lo general la primera definición que haría de mí alguien que me conozca bien. Sin embargo, al echar la vista atrás, vi que, en efecto, había hecho todo lo posible por ser «agradable». Fui lo que podría llamarse «plana»: puse cuidado en no ofender a nadie, en sonreír, en ser simpática, amable, y en escuchar con atención. No revelé demasiado de mí, aparte de algunos datos básicos.*

Lo cierto es que hoy, mucho tiempo después, a pesar de los años de medicación y de haber conseguido hablar ante grandes grupos de personas con TDAH, todavía me cuesta abrirme y mostrar mi verdadera personalidad cuando estoy con gente neurotípica. A la vez, aunque he comprendido que no necesito hablarles de mis dificultades, ni darles un discurso sobre el TDAH, ni defender a toda mi tribu, sí me he fijado el objetivo estratégico de, al menos, mostrarles más mi verdadera personalidad de mujer con TDAH. Esto me permite hablar más o más rápido, sonreír, reír y participar. De esta manera, la gente sabe al menos que existo y tiene ocasión de conocer mi personalidad, aunque no acostumbro a dar muchas explicaciones sobre mis dificultades o el TDAH.

Que alguien me definiera como una chica «agradable» fue para mí un punto de inflexión. Si hay una lección que he practicado desde entonces todos los días es no intentar pasar por «normal».

***Descubrimiento:* Hazte visible**

¿De qué maneras te gustaría dejarte ver?

- ☐ Sonriendo
- ☐ Riéndome y pasándolo bien
- ☐ Haciendo el tonto o cosas estrafalarias
- ☐ Expresando sin reservas mis opiniones
- ☐ A gusto con mi cerebro y dentro de mi piel
- ☐ Actuando con naturalidad
- ☐ Otras:

Ábrete: deja que la gente conecte contigo

Muchas veces queremos ser visibles hasta el fondo, y que cada persona con la que nos relacionamos sienta nuestras emociones más profundas y sepa lo que sentimos por ella o por la vida. Tara Brach (2003) habla del concepto budista de tener un «corazón sensible». Si lo aplicamos a la cuestión de la visibilidad, significa bajar un poco las defensas para acoger a las personas con las que queremos conectar.

A veces, las defensas nos apartan de la gente indiscriminadamente: es cierto que nadie puede hacernos daño, pero nadie puede tampoco entrar ni aportarnos nada. Esto nos aísla; no podemos conectar con nadie porque vivimos encerradas en un fuerte, al otro lado del muro.

Cuando nos abrimos, dejamos que nos vean más íntimamente. Podemos hacerlo con cualquiera, desde nuestra amiga que tiene problemas hasta el camarero que nos sirve la comida. Abrirse es un concepto mental que solo requiere un minuto y un ligero cambio de perspectiva. Respira hondo y siente caer las defensas, aunque no sepas qué decir. Muéstrate como eres, plena y naturalmente, cuando quieras que vean en ti a una persona compasiva, a la que los demás le importan.

Reflexión: Ábrete

¿Cómo crees que podrías abrirte y mostrarte más como eres sin tener que exponerlo todo y poder preservar lo que prefieras no compartir?

____

____

____

____

¿Cómo podrías abrirte y dejar que la gente se acerque un poco más, sobre todo cuando alguien te importa pero no sabes cómo demostrárselo?

____

____

____

____

Da a los demás: causa una buena impresión

A veces nos resulta más fácil asimilar la idea de «brillar» si comprendemos que no está separada de nuestra misión o deseo de dar a los demás. Ocupar más espacio no es un acto egoísta. Por el contrario, brillar es valorar lo que somos y lo que podemos dar. Visto de esta manera, resulta obvio que, contrariamente a lo que podamos temer, lo que sería egoísta es privar a otras personas de lo que somos o de lo que pensamos, sabemos y podemos aportar al mundo.

Reflexión: Lo que ofreces

Brillar no es un acto egoísta, sino una forma de causar una impresión en la gente haciéndote visible y estando presente.

¿Cómo te gustaría influir en los demás? ¿Qué te gustaría ofrecer?

____

____

____

____

¿Qué se pierden los demás por no verte y conocerte?

____

____

____

____

¿Qué acostumbras a hacer para ser menos visible?

____

____

____

____

¿Con qué personas te gustaría ser más visible?

____

____

____

____

Puede que te resulte más fácil probar a hacerte más visible con gente nueva que no te conoce y que, por tanto, no tiene expectativas respecto a ti. Adelante, sonríele un poco más a la camarera o dile unas palabras más de las habituales a tu vecino. Pregúntate qué parte de ti, de tu personalidad, de tu calidez o de tu humor que sueles ocultarles quieres que vean. Anota la experiencia en tu diario o grábala en el teléfono móvil para que puedas volver a ella si lo deseas.

Conclusiones útiles sobre el TDAH que podemos sacar de este capítulo

- Ser una mujer neurodivergente audaz significa aprender a ocupar el centro del escenario, mantenerte en él y compartirlo con otras personas abriéndote más, dando de ti y dejando que brille ante la gente tu verdadera personalidad.

- Puedes potenciar tu presencia e influencia cambiando las señales que envías en la comunicación verbal y no verbal por otras más directas y dejando de disculparte a cada momento. Esto te ayudará a entrar con más firmeza en la vida que quieres vivir y en los valores por los que quieres regirte.

Capítulo 9

Sé tú misma

Empieza a ser activamente auténtica

Cada vez que tomas una decisión que se corresponde con una sensación interior de seguridad, veracidad y autenticidad, te acercas más a ti misma. Lo asombroso es que estar sintonizada con tu yo genuino y esencial –que se ha separado de la vergüenza y de todos los mensajes que has recibido sobre el TDAH– te da el coraje y el sentimiento de libertad que te ayudan a tomar el camino más enriquecedor y satisfactorio.

La autenticidad es un elemento esencial de este trabajo, ya que tu viaje hacia una vida audaz como mujer con TDAH debe ser realmente el tuyo particular, por lo cual este capítulo está dedicado por entero a animarte a que seas auténtica. No hay un único tratamiento para el TDAH, puesto que no hay un único camino para que vivas de la manera más genuina posible en tu contexto particular, con tu cerebro y tu cuerpo específicos.

Ser auténtica contigo misma te hace más fuerte: eres más consciente de tus necesidades y más capaz de expresarlas, tienes más determinación para cumplir tus deseos y estás más abierta en las relaciones. Esto tiene un efecto dominó, y anima a su vez a otras personas a buscar ellas también esa firmeza interior que tú reflejas. Sí, has leído bien: ¡ser más auténtica puede contribuir a hacer del mundo un lugar mejor! El viaje para ser plenamente tú como mujer con TDAH, descubriendo por el camino la importancia de ser realista sobre lo que necesitas y cómo encontrar el valor para pedir y aceptar ayuda, puede hacer aflorar también en los demás sus cualidades más genuinas. ¡Ser auténtica tiene una influencia colosal! Te dará una nueva sensación de paz, fuerza y coraje para seguir mirando de frente tus vulnerabilidades y los mensajes de vergüenza que interiorizaste de niña y que durante todo este tiempo te han impedido mostrarte tal como eres. Para ayudarte a hacer precisamente eso, te proponemos que te dejes guiar a lo largo de este capítulo por el sistema de avance gradual que hemos creado para las mujeres con TDAH, al que hemos llamado *autenticidad consciente*.

Autenticidad consciente

Esta práctica consiste en ser activamente conscientes de los momentos en que nos dejamos dominar por el impulso de escondernos o entramos en un estado de reactividad. Consiste también en ser conscientes de en qué momentos actuamos movidas por un arraigado sentimiento de vergüenza o es el piloto automático del TDAH el que nos dirige. Esta práctica de la percepción consciente hará que poco a poco empecemos a ser más auténticas en nuestro modo de comportarnos y relacionarnos.

Cuando aprendemos a mantener a lo largo del día ese estado de consciencia de nosotras mismas y de nuestro sentimiento de autenticidad, se despliega todo un abanico de posibilidades reales, antes ocultas, y esto nos hace sentirnos más dueñas de nuestra vida, lo cual nos despierta a su vez una nueva sensación de autonomía y eficacia. En términos psicológicos, esa «sensación de autonomía» (*sense of agency*) es una sensación de control, de ser capaces de tener iniciativa, de decidir y actuar conforme a nuestras decisiones. Para las mujeres con TDAH, que en muchos casos han vivido sintiéndose marginadas e incompetentes durante años, es no solo fortalecedor sino necesario cultivar esa autonomía.

Para vivir con autenticidad como mujeres con TDAH, debemos empezar por desacelerarnos intencionalmente, algo que por naturaleza le resulta muy difícil al cerebro del TDAH. Por tanto, si hasta el momento no lo has conseguido, no tienes nada que reprocharte; lo bueno es que ¡puedes hacer algo al respecto! El propósito último de practicar la autenticidad consciente es crear las condiciones mentales que te permitan pisar el freno, para poder evaluar con calma la situación y tomar decisiones auténticas.

Para simplificar, lo más fácil es concebir la autenticidad consciente como un proceso que consta de dos partes: darse cuenta y elegir.

Darse cuenta

El primer paso para practicar la autenticidad consciente es, como al practicar la mayoría de las técnicas de autoconocimiento, hacer una pausa lo bastante larga como para darnos cuenta. Cuando nos concedemos el tiempo y el espacio para darnos cuenta de nuestra experiencia interna, es mucho más probable que abordemos la vida con intencionalidad y actuemos de acuerdo con nuestra misión, visión y necesidades.

Para ello, debemos aprender a percibir nuestra experiencia interna y a dejarla ser tal cual es durante unos instantes, especialmente en el caso de que no sea particularmente agradable. En esos momentos, tenemos la oportunidad de acoger con compasión, atención e interés nuestro malestar y nuestros miedos más profundos. Esto nos libra de caer en los habituales comportamientos reactivos que tanto daño nos hacen –como escondernos, fingir, retraernos o explotar– y abre espacio para nuevas maneras de actuar.

Podemos imaginar que este proceso de percepción consciente es como un escáner corporal, en el que observamos e identificamos con benevolencia y compasión la experiencia interna y los comportamientos que nacen de ella. Esto nos distancia lo suficiente de cada sentimiento obstaculizador o reacción típica del TDAH como para, a pesar de ellos, poder tomar una decisión intencional. Y tomar una decisión intencional significa que el rumbo no lo marca el piloto automático del TDAH.

Durante el proceso de darte cuenta, conviene que tengas presente siempre que las emociones, y los pensamientos que las acompañan, son información. Si aparecen es por un buen motivo, y pueden darte pistas sobre lo que necesitas y dónde están tus límites. Las emociones te harán saber cuándo te sientes más viva o más apagada y oprimida.

Las mujeres con TDAH tenemos tendencia a ser emocionalmente sensibles y, en ocasiones, emocionalmente reactivas. Somos más propensas a la desregulación emocional cuando alguna de las áreas cerebrales que rigen las emociones se bloquea, lo cual nos impide desacelerarnos y acceder a pensamientos claros. ¿Quiere esto decir que el estrés y la emocionalidad que sientes son reales, que son de origen cerebral? Así es (Combs *et al.*, 2015). Pero también son una indicación de lo que necesitas y de cómo estás viviendo.

Ser consciente de tu experiencia interna te permite enlazar determinados sentimientos o reacciones con la forma en que te relacionas con los demás. Al detenerte a observar, ves también si estás respetando tu relación contigo misma.

Detecta señales de inautenticidad

Cuando en una situación dada tengas la impresión de que tu autenticidad está disminuyendo, prueba a hacerte estas preguntas:

- ¿Estoy teniendo de repente un bajón de ánimo o perdiendo la sensación de bienestar?
- ¿Tengo miedo a sentirme vulnerable? ¿Estoy resistiéndome a una sana vulnerabilidad en lugar de aceptarla?
- ¿Estoy reprimiéndome o reaccionando arrastrada por emociones que no son reflejo de mi auténtico yo?
- ¿Estoy evitando expresarme porque presiento que podría desencadenar un conflicto o poner en peligro mi relación con esta persona?
- ¿Preveo que me van a malinterpretar, a juzgar o a ignorar?
- ¿Tengo la sensación de que no estoy del todo presente o de que no soy capaz de ser yo misma?

Estas son potenciales señales incipientes de que la inautenticidad ha conseguido ganar terreno o está empezando a hacerlo. En las tres listas que encontrarás a continuación, hemos especificado cambios de comportamiento y del estado de ánimo que indican la conveniencia de hacer una pausa, reflexionar e iniciar una acción intencionada.

Descubrimiento: Date cuenta de las señales emocionales

Marca las emociones que describan con precisión tu sentimiento de inautenticidad.

Cuando no estoy siendo auténtica...

- ☐ noto una disminución repentina de la sensación de bienestar
- ☐ siento cómo aumenta la ansiedad, la emotividad o la reactividad
- ☐ me siento incomprendida, juzgada o encerrada en mí misma
- ☐ me siento invisible
- ☐ tengo miedo de que me descubran
- ☐ siento reavivarse el dolor de viejas heridas
- ☐ me pongo a la defensiva e intento protegerme a toda costa
- ☐ me indigno, me siento frustrada o enfadada
- ☐ Otros:

Descubrimiento: Date cuenta de las sensaciones físicas

Cuando no estoy siendo auténtica, noto...

- ☐ dolor en el pecho
- ☐ un nudo en la garganta

- ☐ presión, hormigueo o una especie de remolino en el estómago
- ☐ tensión en todo el cuerpo
- ☐ los dientes apretados
- ☐ que se me saltan las lágrimas
- ☐ el ritmo cardíaco acelerado
- ☐ como si mi cuerpo se convirtiera en un muro de defensa o una armadura
- ☐ un fuerte deseo físico de hacerme más pequeña, o más grande
- ☐ Otros:

Descubrimiento: Date cuenta de los cambios de comportamiento

Cuando no estoy siendo auténtica, tiendo a...

- ☐ retraerme en lugar de acercarme a las personas o a las experiencias
- ☐ retirarme en lugar de implicarme o comprometerme más
- ☐ esconderme en lugar de revelarme o abrirme
- ☐ abandonar una situación en la que preferiría quedarme
- ☐ permanecer en una situación que preferiría abandonar
- ☐ tratarme y tratar a los demás de una manera que me hace sentirme a disgusto, en lugar de actuar con integridad y amor a mí misma

- ☐ ignorar mis intereses, necesidades e intenciones, en lugar de hacerme valer
- ☐ Otros:

Detecta señales de inautenticidad

Si la autenticidad te ha resultado inaccesible a lo largo de tu vida, es posible que no estés familiarizada con las sensaciones que produce estar actuando en armonía contigo misma y de acuerdo con tus verdaderos principios.

El propósito de las tres listas siguientes es que reflexiones sobre lo que sientes cuando tienes la sensación de estar siendo auténtica. ¿Cómo sabes que estás actuando de acuerdo con tu verdad y tus valores? Marca qué experimentas en los momentos de mayor autenticidad.

***Descubrimiento:* Date cuenta de las señales emocionales**

En los momentos en que más auténtica soy, me siento...

- ☐ participativa
- ☐ contenta
- ☐ vista, oída o comprendida
- ☐ respetada
- ☐ audaz
- ☐ satisfecha

- ☐ tranquila, aliviada, en calma, libre o alegre
- ☐ segura de mí misma
- ☐ en sintonía con mis necesidades y valores
- ☐ relajada y con una sensación de espacio que me permite pararme y decidir cómo actuar
- ☐ Otros:

Descubrimiento: Date cuenta de las sensaciones físicas

En los momentos en que más auténtica soy, noto...

- ☐ que tengo un lenguaje corporal expansivo y abierto
- ☐ que sonrío con facilidad y naturalidad
- ☐ los músculos relajados
- ☐ una sensación neutra o tranquila en el estómago y el pecho
- ☐ un jubiloso cosquilleo en el estómago
- ☐ un ritmo cardíaco uniforme
- ☐ una animada aceleración del ritmo cardíaco
- ☐ una sensación de fluidez en cada movimiento y acción
- ☐ cierto nerviosismo de fondo por estar haciendo las cosas de forma diferente y abriéndome más
- ☐ Otros:

Descubrimiento: Date cuenta de los cambios de comportamiento

En los momentos en que más auténtica soy, tiendo a...

- ☐ hablar cuando hay algo que quiero decir
- ☐ revelar partes de mí o expresar mis opiniones de un modo apropiado a mis necesidades y a la situación
- ☐ tomar decisiones que me hacen sentirme bien
- ☐ expresarme de un modo que sea amable conmigo y con los demás
- ☐ actuar de acuerdo con mis valores, necesidades y deseos
- ☐ pararme antes de actuar o de hablar
- ☐ esforzarme un poco para seguir aprendiendo y madurando
- ☐ hacer más el tonto, actuar de un modo más extravagante
- ☐ sentirme más segura de mí misma y menos preocupada por cómo me percibirán los demás
- ☐ disfrutar más estando con la gente
- ☐ Otros:

Reflexión: Percepción consciente

¿Qué es lo más importante o interesante que has aprendido de esta exploración sobre cómo detectar señales de autenticidad? Anota algunas cosas que quieras recordar para aplicarlas en el futuro.

____

____

____

____

____

Reflexión: Identifica detonantes habituales de comportamientos inauténticos

Describe una situación en la que tuvieras un comportamiento inauténtico. ¿Dónde estabas? ¿Con quién? ¿Qué ocurrió?

____

____

____

____

Describe lo que sentiste en el momento de acercarte a la inautenticidad y alejarte de ti.

____

____

____

____

¿Hubo alguna persona en particular, alguna señal no verbal, palabra, circunstancia o algo del entorno que actuaran como detonante? Habla de ello con el mayor detalle posible.

____
____
____
____
____

¿Crees que habrías podido percibir la situación de un modo que te permitiera optar por la autenticidad?

____
____
____
____
____

Reflexión: Recuerda momentos en que te comportaras con autenticidad

Describe una situación en la que tuvieras un comportamiento auténtico. ¿Dónde estabas? ¿Con quién? ¿Qué ocurrió?

____
____
____
____
____

Describe lo que sentiste en el momento de acercarte a ti y a una forma de actuar intencional y auténtica.

____

____

____

____

____

¿Hubo alguna persona en particular, alguna señal no verbal, palabra, circunstancia o algo del entorno que tuvieran en ti un efecto liberador? Habla de ello con el mayor detalle posible.

____

____

____

____

____

Elegir

Vivir con TDAH puede ser como contemplar los planos de un edificio fantástico y no tener herramientas para construirlo. La primera parte de la autenticidad consciente –pararte y darte cuenta– te da la base desde la que pasar a la acción intencional. A esta segunda fase la llamamos «elegir». En cualquier situación, puedes elegir entre acercarte a ti misma o alejarte de ti, entre tener la audacia de entrar en la autenticidad o permanecer dentro de los confines de las reacciones protectoras que tan bien conoces.

El mayor poder que tenemos es el de ser plenamente nosotras mismas. El objetivo final hacia el que avanzas en este viaje –y el propósito de todo el trabajo que has hecho desde que te embarcaste en él– es la idea radical de que, como mujer con TDAH única y completa, ¡puedes elegir ser completamente tú!

Elige cuánto revelar de ti

Algo sobre lo que tienes elección es cuánto revelas de ti. Si eliges consciente y auténticamente buscar alguna manera sutil de mostrarte más como eres, sentirás que participas más y de un modo más sustancial en las relaciones y en el mundo.

Tenemos la posibilidad de abrirnos en distinta medida. También podemos elegir no abrirnos en absoluto y quedarnos en silencio, o podemos fingir activamente una aparente apertura. Hacer una exploración rápida y percibir con la mayor claridad posible tus experiencias internas y externas te dará indicaciones sobre lo que eliges hacer en cada momento. Por ejemplo, es probable que la sensación de que no te escuchan o no te ven te haga sentirte vagamente incómoda y desconectar.

EL PROCESO DE REVELARTE INTENCIONALMENTE

Nos gustaría que probaras este sencillo método que te permitirá hacer un examen rápido de cualquier situación en la que notes un cambio en tu experiencia interna. El proceso consta de tres pasos:

1. Preguntar
2. Escanear
3. Elegir

1. Preguntar. En primer lugar, en cualquier situación concreta, pregúntate: *¿Qué quiero que estas personas sepan de mí?*

Por ejemplo:

- Quiero que sepan que soy inteligente, creativa y original.
- Quiero que vean mi lado divertido.
- Quiero que sepan que me importan.
- Quiero que entiendan lo que pienso y sé sobre cierto tema.
- Quiero que sepan más sobre mis dificultades y la clase de ayuda que necesito.

2. Escanear. A continuación, haz un rápido examen de autenticidad y pregúntate: *Dado lo que he comprendido que quiero revelar, ¿contribuye el modo en que me estoy comportando en este momento a que la gente vea eso de mí?*

3. Elegir. Por último, elige. Ahora que has aprendido a reconocer en ti los indicios de que estás siendo menos o más auténtica, y sabes también cómo abrirte en una situación dada, puedes decidir cuánto abrirte.

Reflexión: Comprobación en tres pasos

Ahora que conoces los tres pasos del proceso de revelarte intencionalmente, responde a las siguientes preguntas para practicar cómo aplicarlo a situaciones concretas.

Nombra y describe una situación en la que te gustaría aplicar este proceso.

____

____

1. Preguntar. En esa situación, ¿qué quieres que la gente sepa de ti?

____

____

2. Escanear. Imagínate en esa situación haciendo un escaneo rápido y preguntándote: *¿Están mis palabras y comportamiento en consonancia con cómo quiero que me vean y lo que quiero que conozcan de mí?*

____

____

3. Elegir. Teniendo en cuenta lo que te gustaría que la gente viera o supiera de ti en esta situación, ¿qué te gustaría elegir que se revelara más auténticamente?

____

____

Elegir no revelar nada de ti también es una postura válida

A veces, elegir no revelarte es la mejor forma de actuar.

Una segunda forma de actuar con autenticidad es elegir deliberadamente no revelar nada de ti, o al menos no demasiado, a determinadas personas o en determinadas situaciones. Las palabras importantes en este caso son *deliberadamente* y *elegir*. A veces, elegir no revelarte es la mejor forma de actuar.

Tu experiencia es tuya y puedes revelarla y compartirla como mejor te parezca. Si no te sientes emocionalmente a salvo, o si sientes la necesidad de proteger una parte de ti, dedica unos momentos a percibir y comprender con claridad la situación en que te encuentras. ¿Crees que comportarte de manera más abierta y revelar más de ti podría poner en peligro tu seguridad emocional o tener consecuencias concretas que podrían perjudicarte? Tal vez haya cosas que te resulte fácil afirmar o exponer, y otras que no. Como decíamos, tienes la posibilidad de participar en muy distinto grado y con distinta profundidad, y la decisión de abrirte o protegerte es tuya en todo momento.

Digamos que has decidido no expresar algunas de tus ideas u opiniones ante un determinado grupo de personas. Quizá te digas: *No me interesa compartir mis ideas con esta gente. Son personas que no creo que las fueran a entender o a valorar. Me caen bien, me siento a gusto en este grupo y nos reímos mucho, pero no quiero exponer ciertas ideas ni tener que dar explicaciones*.

La cuestión es ser intencionalmente selectiva y saber a quién y por qué quieres hablarle de tu diagnóstico o de tus diferencias. Del mismo modo, es perfectamente aceptable que estés orgullosa de ser quien eres –TDAH incluido– y te guardes tu experiencia, tus ideas y tus particulares puntos de vista para compartirlos con aquellas personas con las que quieras tratar temas concretos.

La experiencia de Sally: La implicación no siempre necesita revelación

Sally es una mujer de sesenta años que tiene un grupo de amigas de toda la vida, bastante diferentes a ella en muchos aspectos. Tienen todas muy buenos recuerdos de experiencias que han compartido y de cuánto se han reído juntas.

«Son las únicas que saben dónde vivía cuando era pequeña, que conocieron a mi perro, conocían a mis padres y todavía se acuerdan de aquel chico pecoso al que le gustaba en la época del instituto. No tengo necesidad de contarles mis dificultades ni mis ideas atípicas, ¡y eso me gusta! No siento que sea menos auténtica por eso. Cuando estoy con ellas participo de lleno. Nos reímos y disfrutamos estando juntas sin necesidad de que sepan todo lo que pienso y siento en este momento de mi vida. Comprender esto ha sido muy liberador y ha hecho que disfrute todavía más estando en compañía de estas amigas tan especiales».

Hay ciertas personas con las que a Sally le gusta de verdad compartir una parte concreta de sí misma pero no otras; es algo que le resulta natural hacer y le da tranquilidad. Lo elige conscientemente y se siente satisfecha con esta elección. Darse cuenta de que podía abandonar la conclusión de que, si eran sus amigas, tenía que contárselo todo tuvo para ella un efecto liberador y creó armonía en su relación mutua. Aunque todos necesitamos conectar íntimamente, lo necesitamos de distintas maneras, con distintas personas y en distintos contextos. ¡A veces puede ser un alivio comunicarnos con menor intensidad! Sally encontró un equilibrio muy satisfactorio gracias a haber hecho una elección intencional.

Dependiendo de la situación, tal vez decidas presionarte un poco; quizá te has dado cuenta de que, en realidad, te gustaría compartir más de ti misma en una relación y decidas cambiar la forma en que te has estado comportando. Puede que ya no tengas miedo de que te consideren diferente.

Si una relación te resulta grata y enriquecedora, no hay razón para que tenga que satisfacer todas tus necesidades. No es necesario que todo el mundo entienda todas las partes de ti. Habrá amigas con las que te guste ir al cine y amigas con las que quieras hablar de tus sentimientos más íntimos. Eso no es esconderse, es elegir.

Trabajo integral

El siguiente relato aúna varios aspectos de los que hemos hablado –reclamar nuestro espacio, hacernos oír y elegir mostrarnos más– con el fin de tener una convivencia más auténtica con otra persona. La experiencia de Cindy es la culminación de muchos conceptos y prácticas que hemos tratado hasta aquí.

La experiencia de Cindy: ¡Eh, estoy aquí!

A los cuarenta y cinco años, a Cindy le detectaron una enfermedad autoinmune que requería un meticuloso cuidado, y todo esto se sumó a un déficit de atención crónico para el que ya estaba en tratamiento. En el pasado, su marido y ella solían disfrutar mucho viajando, y cada año organizaban vacaciones muy activas durante el verano. Pero de un tiempo a esta parte, aunque Cindy seguía asintiendo a los planes que hacía su marido, a la hora de la verdad tenía dolores y apenas participaba. Sabiendo que sería así, en lugar de contarle la verdad, esperaba hasta el último momento y buscaba alguna excusa para cancelar los planes.

Entre una cosa y otra, Cindy se sentía cada vez peor: consigo misma, con su marido, con su matrimonio ¡y con las dichosas vacaciones! Y su marido estaba cada vez más disgustado debido a aquellas cancelaciones repentinas que no conseguía explicarse. Él sentía compasión por el estado de Cindy; sabía que se encontraba mal. Pero, como no tenía ni idea de lo que su esposa experimentaba por dentro, no podía adaptar su perspectiva ni sus reacciones en consecuencia. Cindy no quería arruinarle la diversión, y sin embargo acabó por crear precisamente lo que intentaba evitar a toda costa.

La verdad era que había muchas cosas que a Cindy le interesaban y que, a pesar de su estado de salud, habría podido hacer con su marido. Necesitaba encontrar la manera de que pudieran seguir haciendo cosas juntos con las que los dos disfrutaran; cosas nuevas, que no tenían por qué ser menos amenas que las que hacían antes, sino simplemente distintas. Con la ayuda de su asesora y del grupo de apoyo, descubrió varias posibilidades que le parecieron muy atractivas. Al final, se decidió por un crucero, que incluía excursiones de diverso tipo y una gran variedad de actividades.

La primera vez que le comentó tranquilamente a su marido la idea de hacer un crucero, él respondió con vaguedad: «Suena bien». Cindy se dio cuenta de que tenía que reclamar más atención, y ocupar un lugar más visible, si quería que hubiera verdadero entendimiento entre ellos sobre la realidad de su situación y que pudieran hacer los ajustes necesarios.

Hizo un escaneo de autenticidad y se preguntó:

- *¿Me estoy callando la realidad de mi situación para no dar problemas?*
- *¿Qué quiero decir?*

- *¿Qué quiero que ocurra?*
- *¿Qué quiero que entienda mi marido?*

Cindy volvió a intentarlo. Haber aprendido a escanear rápidamente sus reacciones internas la ayudó a darse cuenta de cuándo se callaba algo importante o fingía. Se sorprendía retrayéndose en algunos momentos, o sintiéndose defraudada, o desanimada, o triste, y veía en cada uno de estos sentimientos un mensaje taquigráfico que la instaba a profundizar más, a expresarse con más fuerza, más directamente y con voz más firme.

Un día imprimió una hoja con toda la información sobre el crucero y la dejó sobre la mesa del comedor. Al mediodía, cuando su marido se sentó, le dijo: «Mira». Él le echó un vistazo y contestó: «Parece interesante». Cindy decidió dar un paso más y fijó una fecha y una hora concretas para hablar del tema. Esta vez, le dijo clara y llanamente que quería hacer el crucero y le explicó los motivos y por qué hacer ese viaje era tan importante para ella.

Reclamar espacio se tradujo en hacerle entender a su marido: «Eh, estoy aquí. Soy una mujer con necesidades y deseos, ¡y esto me entusiasma! Organicemos también algo en torno a quién soy yo, algo que me siente bien y que sea fuente de auténtico disfrute para mí».

Es cierto que Cindy ocupó el centro del escenario, pero esto no perjudicó a su matrimonio sino que lo mejoró. Ayudó a que su marido entendiera con claridad por qué llevaba tiempo arruinándole las vacaciones en el último minuto una vez tras otra. Además, le dio a Cindy la confianza para seguir actuando así en otros aspectos de su vida.

Esta historia muestra cómo una mujer aprendió a dejar de ignorar sus sentimientos y de comportarse de una manera que ocultaba sus verdaderos deseos y que estaba empezando a angustiarla y a afectar seriamente a su matrimonio. No tuvo que hacer grandes cambios. No es que hubiera un grave problema de pareja. Bastó con que empezara a darse cuenta de en qué momentos se retraía sutilmente o se cerraba en lugar de decir con claridad lo que necesitaba tantas veces como hiciera falta para que se la escuchara.

Conclusiones útiles sobre el TDAH que podemos sacar de este capítulo

- Para empezar a vivir con audacia como mujer con TDAH, debes ser cada día más auténtica y estar en sintonía contigo misma todo posible. Esto se concreta en practicar la autenticidad consciente y tomar intencionalmente la decisión de revelar más de quien eres.

- Practicar la autenticidad consciente será una notable ayuda en el proceso de ser cada vez más tú misma cuando estás en compañía de otras personas. Se traduce en hacer una pausa para darte cuenta de lo que estás experimentando en ese momento (como con un escáner corporal) y en decidir seguidamente qué acciones se corresponden más con lo que ese momento requiere.

- Revelarte intencionalmente es otra forma de avanzar hacia una vida y unas relaciones más auténticas. El proceso consta de tres pasos: preguntar, escanear y elegir.

- Con un poco de coraje, paciencia y práctica, puedes dar pasos efectivos, momento a momento, para hacer realidad en tu vida la idea radical de que tú, como mujer con TDAH única y completa, ¡puedes elegir ser plenamente tú!

Capítulo 10

Crea un verdadero plan de acción

Integra el TDAH en un nuevo concepto de ti misma y vive a tu manera

A ver, seamos sinceras. No tenemos todas las respuestas. *Tú* eres la única autoridad en lo concerniente a tu cerebro, el resto de tu cuerpo y tus necesidades. Cómo integrar el TDAH en tu vida es algo muy personal. No existe una única manera correcta de vivir con TDAH. Solo existe *tu manera*.

> ***No existe una única manera correcta de vivir con TDAH. Solo existe tu manera.***

Nosotras, las autoras, queremos ayudarte a crear un plan de apoyo para el TDAH. Sin embargo, como parte de nuestro enfoque «radical», y en contra de los consejos tradicionales, hemos descubierto que las estrategias son más eficaces cuando se emplean después, y no antes o en sustitución, del proceso de «desenredar la maraña» en el que has estado trabajando. La razón es muy simple: no puedes dedicarte de lleno a poner en práctica las estrategias cuando la mitad de tu mente está ocupada intentando controlar a tu crítica y opresora interior. Ahora que has pasado por el proceso de desenredo, estás más preparada para implementar una nueva visión de lo que quieres que sea tu vida, para establecer una nueva narrativa sobre la mujer que eres, y para tomar la determinación de llevar una vida audaz como mujer con TDAH y pedir abiertamente los ajustes y la ayuda que necesites.

Tradicionalmente, una vez prescrita la medicación, el tratamiento del TDAH consiste sobre todo en utilizar lo que en sentido genérico se denomina «estrategias». En la práctica, sin embargo, cuando empezamos a aplicar algunas de las numerosas y variadas tácticas y perspectivas como si fueran un método para «repararnos», el resultado es en muchos casos desmoralizador. Y la razón es que no hay estrategia que pueda tener en cuenta todas las particularidades posibles del cerebro de cada persona: tu cerebro es único y tú eres un ser humano único.

> ***¡«Estrategiza» tus estrategias!***

La mejor solución es buscar ayuda profesional y *«estrategizar» tus estrategias*. De lo contrario, podrías llegar finalmente a la conclusión de que ¡no sirves ni para tener TDAH! Así que, antes de que empecemos a crear juntas un plan de apoyo integral para el TDAH, queremos repasar algunos de los «puntos de bloqueo» más comunes con los que se encuentran las mujeres cuando buscan apoyo.

Cómo prosperar con el TDAH: revisa esto cuando estés bloqueada

El trabajo que has hecho a lo largo de este libro te dará la fuerza interior y la audacia que necesitas para entender cualquier apoyo al TDAH de una manera totalmente nueva: una manera que te haga la vida más fácil, no más difícil. Una vez que hayas hecho el trabajo de liberarte para vivir con más plenitud como una mujer completa y valiosa que tiene TDAH, descubrirás que eres capaz de mirar desde una perspectiva distinta tus dificultades, síntomas y posibilidades de buscar apoyo.

Averigua qué te haría realmente la vida más fácil

Si le preguntas a una mujer con TDAH qué clase de ayuda necesita, es probable que responda automáticamente: «No lo sé». Ocurre sobre todo en el período inicial tras recibir el diagnóstico, pero el caso podría ser el mismo en momentos posteriores en que haya una transición, se produzca un cambio importante en la vida o algunas estrategias que antes eran eficaces de repente dejan de serlo. Por eso, te proponemos aquí algunas preguntas que te pueden dar cierta claridad en esos momentos.

***Reflexión:* Cuando no sabes qué clase de ayuda necesitas**

¡Recicla estas preguntas! Antes de escribir las respuestas, hazles una fotografía o fotocópialas para releerlas cuando estés en un momento de incertidumbre.

¿Qué elementos de la actual situación o conflicto están relacionados con el TDAH? ¿Cuáles no? A veces habrá circunstancias problemáticas cuyo origen no sea el TDAH.

____

____

____

¿Qué experiencia relacionada con buscar ayuda o con las dificultades que te ha causado el TDAH podría inmovilizarte? ¿Cómo puedes revisarla?

____

____

____

¿Qué tareas o situaciones sabes con seguridad que te provocarán agobio y bloqueo? Te será más fácil encontrar una solución si desde ahora te fijas en el momento exacto en que empiezas a agobiarte o a sentirte bloqueada.

____

____

____

¿Crees que sería una ayuda reconsiderar lo que haces habitualmente por los demás y establecer nuevos límites que en este momento te permitan atender tus necesidades?

____

____

____

¿En qué momentos o situaciones te esfuerzas excesivamente por ocultar tus síntomas o negar tus necesidades? Puedes pedir ayuda cuando la necesites sin tener que revelar más de lo que en ese momento te resulte natural contar.

____

____

____

¿Qué clase de estímulos necesitas para tener un rendimiento óptimo? ¿O tal vez funcionas mejor sin ningún tipo de estímulos? Con frecuencia, hay una línea muy fina entre la estimulación excesiva y una estimulación insuficiente. Tendrás que encontrar un equilibrio.

___

___

___

¿Cómo podrías sacar el máximo provecho de los períodos de máxima energía mental y física? No te propongas realizar tareas que te exigen un gran trabajo mental durante los períodos de baja energía debidos al TDAH. Es una trampa. Siempre.

___

___

___

¿Necesitas herramientas (un sistema de recordatorios), apoyo en persona o virtual (un compañero o compañera de trabajo), una rutina o estrategia, o ayuda para idear un plan de acción? Quizá no necesites un sistema organizativo más, sino a alguien cercano que charle contigo mientras guardas las cosas.

___

___

___

¿Qué podrías estar rehuyendo en este momento? Si identificas lo que no quieres experimentar, te resultará más fácil avanzar en esa dirección dando un pequeño paso que te resulte moderadamente incómodo.

¿En qué aspecto de tu vida podrías ser un poco más flexible o hacer algún pequeño ajuste en lugar de cambiarlo todo drásticamente. Ten cuidado de no tirar las frutas frescas con las podridas.

¿Qué te dice tu cuerpo que necesitas? Si no estás hidratada, nutrida, descansada o no recibes abrazos, tu cerebro no tendrá energía para colaborar contigo.

¿Qué te hará sentir más viva, centrada y capaz? Elige eso. En cada momento, cada día.

Comprueba tu lente

Las mujeres con TDAH tenemos tendencia a idealizar el rendimiento de la gente neurotípica. Solemos compararnos con su capacidad para funcionar en la vida, pero la imagen que tenemos de ese funcionamiento es muy poco realista y sencillamente inalcanzable para la mayoría de la gente. ¿Te reconoces en esto? ¡Es hora de que abraces tu neurodivergencia!

Nuestro consejo: Cuando se nubla tu perspectiva

Estas son algunas máximas que a nosotras, y a las mujeres con las que hemos trabajado, nos ha resultado muy útil tener en cuenta cuando se nubla nuestra perspectiva de las cosas y necesitamos recuperar el rumbo. Debajo hay un espacio en el que puedes agregar cualquier otra máxima aplicable al TDAH que a ti te haya resultado útil o alentadora o que te haya dado una base firme.

- Define lo que es hacer algo «lo bastante bien» y no te empeñes en ir más allá.
- El hecho de que sea necesario hacer algo no significa que tengas que ser tú quien lo haga, y mucho menos tú sola.
- Tienes TDAH. Permítete tener dificultades y necesidades relacionadas con este trastorno.
- ¡Busca la imperfección total!
- Sé amable contigo y recuerda: «La comparación es un acto de violencia contra uno mismo» (Vanzant 2013).

- La mayoría de la gente esconde sus dificultades. Las redes sociales son un gran escaparate de momentos estelares que no muestra lo que ocurre entre bastidores.
- El éxito de otra persona no es tu fracaso.
- Si no pides, la respuesta es siempre no.
- Escribe o haz un boceto de tus propios lemas, citas estimulantes y palabras inspiradoras.

Sé creativa

Las mujeres con TDAH suelen tener montones de revistas y libros sobre las últimas estrategias para lograr una organización y una productividad óptimas; sin embargo, pese a parecer ideas geniales, a la hora de la verdad no surten efecto cuando las aplicamos a nuestras dificultades particulares, derivadas de cómo está configurado nuestro cerebro particular. En vez de perder el tiempo intentando amoldarte a rutinas y estrategias que no están diseñadas para un cerebro que es característicamente tuyo, es hora de que personalices tus sistemas de apoyo y te asegures de que tienes razones claras para utilizar el método que utilices.

Nuestro consejo: Cuando las estrategias no funcionan

Puede resultar frustrante que las estrategias que antes funcionaban ya no sirvan, o que aparentemente sean la herramienta «adecuada» pero el cerebro con TDAH no las acepte. Aquí tienes algunas pautas que te ayudarán a desbloquearte cuando las estrategias te fallen. (¡Recuerda que no eres *tú* quien falla, sino la estrategia!).

- Sé consciente de cuándo sigues esperando que una estrategia funcione a pesar de que te demuestre repetidamente que no está sirviendo de nada. No es culpa tuya; no es el enfoque adecuado para ti.
- Que un sistema de organización parezca muy interesante, o que una determinada estrategia les sea sumamente útil a tus compañeros y compañeras de oficina, no es razón suficiente para que tú sigas empeñada en hacerlos funcionar.
- No esperes a tener ganas de hacer algo para empezar a hacerlo. ¿Recuerdas lo que decíamos en el capítulo siete sobre tu zona de confort y cómo salir de ella? Encuentra el límite en el que sea tolerable la incomodidad natural de probar o empezar algo nuevo, y luego elige dar un pequeño paso.

- ¿Podrías incorporar a esa pequeña acción alguna actividad, estímulo o recompensa que la haga más atractiva? Utiliza el incremento de energía que te producen las actividades más placenteras a modo de pequeño empujón para realizar tareas menos gratas.
- Una buena estrategia es utilizar estimulantes naturales del estado de ánimo. Por ejemplo, si tienes pendiente alguna tarea tediosa, prueba a hacerla después de haber salido a correr o de haber dedicado un tiempo a alguna actividad divertida. O haz esa llamada telefónica tan poco apetecible mientras paseas por un parque bonito.
- A veces descansar es lo más productivo. Tómate un tiempo de relax y luego planifica de nuevo lo que tienes que hacer.
- Inténtalo, e inténtalo de nuevo, y de nuevo. Tienes derecho a iniciar el viaje y que sea imperfecto: a caerte, levantarte y volverlo a intentar, a probar algo nuevo o a probar a hacer lo mismo de otra manera.

Elementos esenciales del tratamiento para el TDAH

Una vez que recibimos el diagnóstico, aunque el tratamiento para cada persona debe ser tan único como es ella, hay algunos elementos esenciales que conviene tener presentes. Es un momento en el que, a pesar de lo que leemos sobre el tema, y de las sesiones de terapia, y de los grupos de apoyo, podemos sentirnos fácilmente desalentadas, y es posible que eso nos haga volver a la antigua perspectiva negativa de las cosas y a los mecanismos de defensa que han sido habituales hasta entonces. En esta sección, encontrarás información sobre las bases fundamentales para vivir lo mejor posible con el TDAH, así como una serie de indicaciones para que crees tu propio plan de apoyo integrado.

En http://www.newharbinger.com/32617 encontrarás (en inglés) una lista de recursos esenciales de apoyo recomendados para el TDAH. Hemos incluido a continuación algunos de nuestros favoritos.

Medicación

La mayoría de las personas a las que se les diagnostica el trastorno neurobiológico denominado actualmente TDAH experimentan una mejoría gracias a la medicación, al menos en algunos aspectos. Aunque la medicación no es la panacea, y no resulta eficaz en todos los casos, es conveniente consultar la posibilidad de iniciar un tratamiento psiquiátrico farmacológico tras recibir el diagnóstico. Los doctores Edward Hallowell y John Ratey (1994) dan una de las explicaciones más claras que hemos encontrado sobre esto:

> Los diversos medicamentos que utilizamos para tratar el TDA pueden mejorar espectacularmente la calidad de vida de un individuo. Al igual que unas gafas ayudan a la persona miope a enfocar mejor, la medicación puede ayudar a la persona con TDA a ver el mundo con más claridad (p. 235).

Nosotras, las autoras, creemos que el objetivo que debe cumplir la medicación en el caso de las personas adultas con TDAH es hacerles la vida más fácil. El propósito no debería ser solo que estas personas sean más eficientes desde un punto de vista externo, sino reducir los estados internos incapacitantes y angustiosos que les provoca el trastorno.

Si tienes la posibilidad, lo mejor es que sea tu psiquiatra quien te ayude a decidir el medicamento (o combinación de medicamentos) y la dosis que sean apropiados para ti y tu cerebro particular. A veces se tarda algún tiempo en dar con un remedio que resulte eficaz. La única manera de saber con certeza si cumple su función es probándolo, por lo cual deberás tener paciencia. Recuerda que el objetivo no es cambiarte, sino facilitar que puedas ser tú misma y sentirte bien, a cambio de unos efectos secundarios mínimos. No siempre es fácil encontrar a alguien que tenga conocimientos sobre el TDAH en personas adultas, menos aún en mujeres, por lo que es importante hacerle esta pregunta a quien vaya a tratarte.

Una vez que el especialista y tú hayáis encontrado un tratamiento farmacológico que funcione, y si tu caso es relativamente sencillo, puede ser tu médico o médica de familia quien se encargue en adelante de recetarte la medicación, si a ti te resulta más cómodo y si ambos están de acuerdo.

Recuerda que la experta en ti eres tú. No tengas miedo de expresar con claridad cuáles son tus dificultades y necesidades, de exponer cualquier preocupación o duda referente al tratamiento y de hacer las preguntas pertinentes. Si el especialista te hace algunas recomendaciones o te da instrucciones sobre algo en particular, podrías hacer una grabación de audio en tu teléfono móvil o pedirle que te lo anote. También puedes consultar a otro especialista para tener una segunda opinión, si es preciso. Sírvete de tu audacia y da prioridad a tu bienestar.

Ajustar el entorno

A veces, unos simples ajustes del entorno o del grado de estimulación pueden suponer una gran diferencia en cómo vive una persona los síntomas del TDAH. Si tu actual entorno te hace la vida muy difícil, ¡deja de intentar adaptarte a él!

Aunque no siempre se podrán cambiar las cosas por completo, normalmente hay pequeñas adaptaciones que se pueden hacer para crear un entorno más adecuado a tu situación.

Nuestro consejo: Cuando tu espacio necesita ciertos ajustes

He aquí algunas ideas para que pienses en cómo podrías adaptar el entorno a tu cerebro, y dejes de esforzarte por que este sea capaz de funcionar en un entorno que no es adecuado para el TDAH.

- Considera la posibilidad de colocar los muebles en una posición distinta; hay personas que, por ejemplo, trabajan mejor de espaldas a una pared, y otras que necesitan la menor cantidad posible de estímulos visuales.
- Pídele a alguien que te haga compañía mientras realizas una determinada tarea, aunque simplemente esté cerca haciendo otra cosa.
- Prueba a utilizar unos auriculares con cancelación de ruido y también distintos tipos de ruido blanco.
- Ajusta la iluminación.

- Utiliza una pelota de equilibrio (o un disco de equilibrio sobre la silla) para evitar estar moviéndote a cada momento.
- Acude a espacios donde los comportamientos de la gente sean para ti atractivos y estimulantes (una clase de baile, una clase de meditación, una cafetería, un espacio de trabajo compartido...).
- En la oficina, pide que pongan un panel adicional en tu cubículo o trabaja desde la sala de conferencias.
- Haz uso de señales visuales además de las auditivas

Reequilibrar

Esto no es tarea fácil, sobre todo para aquellas que seáis cuidadoras por naturaleza, o que estéis acostumbradas a resolver precipitadamente cualquier problema derivado del TDAH en lugar de hacerlo con calma y planificación, o que tendáis a ser demasiado complacientes. Es probable que os hayáis dado cuenta de que necesitáis recalibrar la balanza con frecuencia y de que el «equilibrio» adopta una forma diferente en cada momento, dependiendo de la relación proporcional entre los factores estresantes y los recursos. No es una ciencia exacta. Practicar la autenticidad consciente y la elección intencionada te ayudará a encontrar el equilibrio. Empieza por añadir más de lo que te nutre. La *coach* especializada en el TDAH Regina Carey (2016) sugiere: «Echa un vistazo a lo que te energiza y a lo que te agota. En lugar de dar un poco de ti a todo, ¡elige alimentar tus puntos fuertes y mantener tu energía! ¡Detecta los "agujeros" que hay en el depósito del combustible y rellénalos con cosas que te encanten!».

Estrategias

¿Recuerdas que te dijimos que este no era un libro de estrategias? Pues sigue sin serlo. Innumerables colegas han publicado ya excelentes técnicas y métodos, y te recomendamos que consultes en http://www.newharbinger.com/32617 (en inglés) lo que cada terapeuta ofrece tras años de tratar a personas que tienen TDAH.

Queremos dejar claro que no es nuestra intención quitar importancia a las herramientas, rutinas y estrategias concretas como medio para paliar las dificultades derivadas del TDAH. Simplemente nos parece que, para que sean eficaces, tienen que estar personalizadas y ponerse en práctica con audacia y determinación, no con un sentimiento de desesperación o impotencia. He aquí una serie de principios básicos que conviene que tengas en cuenta a la hora de aplicarlas.

Nuestro consejo: **Principios básicos para que las estrategias sean eficaces**

Básicamente, la mayoría de las estrategias tienen en cuenta lo que sugerimos a continuación. Utiliza estos principios como base para decidir tu plan de apoyo al TDAH e individualiza las estrategias atendiendo a tus gustos y necesidades.

- Simplifica. (¡Que sea simple, por favor!).
- Utiliza indicaciones y señales externas. Más de las que crees que necesitas. (¿Quizá muchas más?).
- Disfruta más. (Sin duda, ¡muchísimo más!).

- Hazte valer. Establece límites sanos. Saber «dónde poner el límite» (Katherine 2000) es una estrategia que ni se valora ni se utiliza lo suficiente. Se han publicado un sinfín de libros que hablan de distintas maneras de establecer límites, y ha llegado el momento de que te tomes en serio encontrar una que esté hecha a tu medida. (¡Pronto te lo agradecerás!).
- Observa y estudia tus «patrones de atención» particulares para saber en qué condiciones funciona mejor tu cerebro (Markel 2012). (¡Conócete a ti misma!).
- Encuentra el punto de equilibrio entre la estimulación y el estrés. (Sí, esto también significa establecer límites. ¡Ah, qué sorpresa!).
- Trata de percibir el tiempo con más precisión y adelántate así a los problemas. (¡Y quizá, también, prevé posibles problemas para adelantarte a ellos!).
- Mantente activa y busca formas de mover tu cuerpo que te diviertan y te den fuerzas. (¡Deja de hacer ejercicios que detestas! ¡Basta!).
- Conecta con gente que te entienda. (Sí, al principio te pondrás nerviosa. No importa, ¡da el salto!).
- Da prioridad a los aspectos de ti en los que eres más competente. (Límites, otra vez. ¡Buf!).
- Aliméntate bien. Es probable que te venga bien comer más proteínas y menos dulces. (¡Lo sentimos!).
- Encuentra actividades que te motiven. (¿Alguien se apunta a jugar con cachorritos?).
- Haz ajustes en tu entorno. (¿Te hemos dicho ya cuánto nos gustan las organizadoras profesionales? ¿Te lo

hemos dicho veinte veces? Vale, pues aquí va la veintiuna).

- Duerme más. Haz lo que sea necesario para mejorar tu higiene del sueño; las alteraciones del sueño son un problema para la mayoría de las personas con TDAH, y la falta de sueño empeora los síntomas. (¡Trasnochadora, te hablamos a ti!).
- ¡Ve al dentista! El TDAH parece estar relacionado con el rechinar de dientes, que puede impedir el sueño profundo. (¡Gran sonrisa!).
- Párate a menudo, reflexiona y elige intencionalmente. (¿A que suena bien? Pues súbete al carro, amiga; hasta que tú des la orden, ¡no va a ninguna parte!).
- Súbele el volumen a tu animadora interior. No te creas todo lo que piensas, pero a tu animadora, sí. (¡Dale un megáfono!).
- Si tomas la decisión de hacer algo, hazlo, aunque no te apetezca. Si esperas a estar de humor para empezar..., ¡en fin! (Duele, pero no nos engañemos).
- Tómate las cosas con sentido del humor. Reírse es una estupenda técnica de mindfulness (atención plena), y compartir esa risa tiene un efecto asombrosamente curativo. De hecho, hay un libro entero de estrategias –que han demostrado ser muy eficaces en el caso de las mujeres con TDAH– para quitarle el sabor amargo a la vergüenza con esa risa que solo puede ser fruto de oírnos contar unas a otras nuestras experiencias (Matlen 2014). (¡Y no olvides ponerte vídeos de gatos!).

Cómo encontrar asistencia profesional sin pasarte del presupuesto

Tener TDAH es caro. Las personas adultas con este trastorno están más expuestas de lo común a tener problemas económicos por muy diversas razones: la desorganización, la dificultad para administrar el dinero, las compras impulsivas, las facturas que se traspapelan, el recargo por pagos atrasados, el copago de los medicamentos y la atención médica, o una menor proyección profesional.

Nuestro consejo: Cuando no te sobra el dinero

Haría falta un libro entero para hacer un estudio exhaustivo de cómo atender debidamente el TDAH y las alteraciones de la salud mental cuando se dispone de un presupuesto ajustado, ya que es en verdad un problema sistémico. De todos modos, he aquí algunas ideas que puedes tener en cuenta si te encuentras en esta situación.

- Prueba a intercambiar servicios y bienes sin que medie el dinero.
- Utiliza recursos de apoyo virtuales (http://www.newharbinger.com/32617), ya sean cursos en línea y seminarios web o grupos de apoyo o de productividad.
- Busca programas gubernamentales y comunitarios que ofrezcan formación profesional y otros servicios.
- Crea un grupo de intercambio de competencias en tu comunidad, donde la gente pueda intercambiar y compartir servicios y habilidades.

- Busca en Internet cupones de descuento que ofrezcan las compañías farmacéuticas y otros tipos de ayudas económicas. Pide ayuda a tu médico para solicitarlas.
- Pregunta a los profesionales que te atiendan si tienes la posibilidad de optar por un plan de pagos o tarifas reducidas.
- Busca a profesionales en prácticas (cuyo trabajo esté supervisado) para abaratar costes.
- Acude al centro de salud mental de tu comunidad. Posiblemente haya en él una persona que pueda ayudarte a solicitar programas de asistencia. Tal vez el centro ofrezca además tarifas reducidas o servicios gratuitos.
- Infórmate sobre los tratamientos de primera línea que sean resultado de investigaciones recientes. Pero ten cuidado con los sitios web que proclamen haber encontrado «la cura definitiva». Asegúrate de examinar atentamente todas las opciones antes de decidirte por una modalidad de tratamiento.
- Comenta la información con el profesional que vaya a atenderte. Asegúrate de que tiene experiencia en el tratamiento del TDAH. Estudia con ella o con él los pros y los contras de los diversos métodos de tratamiento que podrían ser adecuados para ti atendiendo a tu historia médica y tus necesidades específicas.

Estrategias para una comunicación asertiva sobre el TDAH

La comunicación asertiva, y que ponga de relieve tus puntos fuertes, es una de las mejores formas en que tú misma te puedes apoyar al hablar de ti.

Estas son algunas de nuestras estrategias de comunicación básicas.

Sé que soy un desastre, pero ¿y tú?

Más que una forma de iniciar una conversación, esta pregunta es una manera de que te prepares para la comunicación reclamando internamente tu derecho a ser una igual en cualquier relación. Para reclamar esta igualdad internamente, recuérdate a ti misma que las personas sin TDAH tampoco son perfectas, solo son imperfectas de diferentes maneras. Lo que nos importa es que haya respeto mutuo. Cambiar tu perspectiva interna y mantener contigo misma un diálogo más compasivo o positivo puede contribuir a que la comunicación sobre las dificultades derivadas del TDAH nazca de la claridad y la fuerza.

Solamente los hechos, señora

Describe tus dificultades y lo que necesitas, en lugar de hablar de ti desde una perspectiva negativa (lo cual es, en todos los casos, contraproducente). Si es posible, sugiérele una solución a la persona que te atiende, no te limites a exponer el problema. En caso de que haya aspectos de la comunicación con ella que te causen dificultad, también puedes preguntarle si sería posible modificar ciertas cosas. Por ejemplo:

- «Me cuesta recordar las instrucciones complejas solamente de oído. Sería una ayuda poder anotar lo que me dices».
- «¿Podrías enviarme estas instrucciones por correo electrónico? Te lo agradecería».
- «He visto que puedo estar más presente durante la sesión si traigo algunas ideas escritas. ¿Habría alguna posibilidad de que tuviéramos la cita después de comer en vez de a primera hora de la mañana?».

Sí, y...

Utiliza más a menudo la conjunción «y» para unir las partes y que transmitan una idea global. Esto ayuda a que tanto tú como tu oyente tengáis una perspectiva más equilibrada, realista e integrada. Prueba a decir algo de este estilo:

- «Soy competente *y* me cuesta organizarme».
- «Puedo hacer esta parte del trabajo *y* necesitaré ayuda para esta otra».
- «Me cuesta organizarme *y* tengo una facilidad natural para crear en casa un ambiente cálido y afectuoso».

Si el terreno se inunda, busca un lugar elevado

Cuando la intensidad de una discusión crece, es normal que cualquier persona se sienta «inundada» de emociones y reacciones fisiológicas (Gottman y Silver 1988). En estos casos, nos sentimos intensamente activadas, se disparan los circuitos cerebrales y somos fisiológicamente incapaces de acceder a un razonamiento más elevado. Podemos entonces hacer un alto y retomar la cuestión más tarde, cuando estemos más despejadas y serenas. Aunque sintamos la compulsión de «resolver» la cuestión de inmediato, esperar a encontrarnos en un terreno más elevado nos dará muchas más probabilidades de salir airosas.

Tipos de ayuda

Muchas mujeres con TDAH dicen que pedir ayuda las hace sentirse dependientes o necesitadas. No hay razón para sentirse así; es perfectamente aceptable tener necesidades y expresarlo en las relaciones. De hecho, lo natural en una relación sana es que seamos interdependientes y nos prestemos ayuda mutua. Esto es lo que nos da raíces y nos da alas. Piensa: ¿qué persona estaría encantada de ayudarte si se lo pidieras?

Entre los tipos de ayuda profesional que podrías necesitar en distintos momentos están la de asistentes en el trabajo, *coaches*, organizadores, contables, empleadas de hogar, cuidadoras infantiles, profesionales de la salud y, por supuesto, psicoterapeutas.

Es posible que esta última, la asistencia terapéutica, sea una de las más necesarias. Buscar esta clase de ayuda es dar un paso audaz. Incluso hoy en día, siguen existiendo cantidad de prejuicios sobre «ir a terapia», así que la mayoría de la gente comienza el proceso con cierta indecisión y una buena dosis de ansiedad. Sin embargo, un buen o una buena terapeuta ofrece a sus clientes un espacio íntimo y protegido en el que se permitan sentir lo que quiera que sientan. En última instancia, el elemento más curativo de la terapia es la calidad de la relación terapéutica.

A la hora de buscar ayuda terapéutica, es importante que la persona que elijas conozca bien el TDAH o, al menos, esté abierta a aprender. Lamentablemente, se sabe que aquellos que no tienen una comprensión de este trastorno suelen malinterpretar algunos síntomas –la impuntualidad, por ejemplo– como indicación de reacciones subconscientes contra la terapia en sí. O a veces intentan «arreglar» los síntomas del TDAH y te hacen recomendaciones simplistas y obvias («¡Ah, ¿cómo no se me había ocurrido probar esto?!»). No es en absoluto culpa tuya; son errores que cometen, con la mejor intención, profesionales competentes que simplemente no tienen demasiada formación o experiencia en el TDAH.

Si te sientes de verdad a gusto con tu terapeuta pero surgen algunos de estos obstáculos, no tengas miedo a hablarle directamente sobre lo que te preocupa y sobre cómo te han hecho sentirte sus palabras, ya que es posible que te hayan provocado cierto grado de vergüenza y frustración, y hayan vuelto a abrir viejas heridas en lugar de curarlas. Hablar con claridad y firmeza de lo que sientes y de tus necesidades relacionadas con el TDAH tiene de por sí un poderoso efecto correctivo.

Tus puntos fuertes

Tus puntos fuertes son una parte sustancialmente relacionada con que puedas brillar como mujer con TDAH, y por eso a lo largo del libro hemos integrado abundante información sobre cómo identificarlos y optimizarlos. Como nuestra editora nos ha dicho que no podemos pasarnos de un determinado número de palabras en estas páginas (¿qué?, ¿un límite de palabras?, ¡para el TDAH eso es una pesadilla!), consulta por favor su «compañero web» (en http://www.newharbinger.com/32617), en inglés, donde encontrarás más recursos.

En la siguiente cita, Ellen Littman (2018), que ha escrito el prólogo de este libro, expresa con palabras muy bellas nuestra perspectiva sobre la importancia de que abraces tus puntos fuertes:

No podemos dirigir el viento, pero podemos ajustar a él nuestras velas. Las mujeres con TDAH no pueden cambiar la configuración de su cerebro, pero pueden reformular sus experiencias mirándolas con una lente distinta. Pueden aprender a abrazar sus cualidades y aptitudes únicas, a celebrar la creatividad del pensamiento no lineal, a establecer en su vida un nuevo orden de prioridades basado en la autoaceptación, y a encontrar entornos propicios en los que avanzar viento en popa.

La mujer con TDAH audaz e integrada

Las mujeres con TDAH que viven con plenitud y satisfacción suelen ser aquellas que han aceptado sus dificultades y las afrontan con consciencia y audacia, porque un día decidieron tomar el timón de su vida. No es que lo tengan todo resuelto, sino que han aprendido a ser compasivas consigo mismas y a darse la oportunidad de intentarlo de nuevo cuando, como inevitablemente nos ocurre a los seres humanos, las cosas no les salen bien a la primera. Ser una mujer con TDAH audaz e integrada significa que:

- Sigues teniendo que esforzarte para vencer múltiples obstáculos, y lo haces con amor a ti misma y aceptación radical.
- Comprendes de dónde vienen las creencias limitantes que han dirigido tu vida a lo largo del tiempo y, con gran compasión, eliges adoptar una nueva perspectiva de quien eres y vivir de acuerdo con ella.
- Te guías por lo que más valoras en lugar de por la vergüenza y el miedo.
- Permites que los cuentos y miedos del pasado te visiten, pero no dejas que se queden.

- Aprovechas los momentos que te ofrecen la posibilidad de traspasar los límites de tu zona de confort.
- Reclamas el derecho a hacer oír tu voz, a ocupar el espacio que te corresponde y demostrar lo que vales, sin pedir disculpas.
- Te atreves a seguir soñando y renovando tu vida, con el TDAH como compañero.
- Eres amable y compasiva contigo, por lo cual buscas activamente ayuda para realizar las tareas que más te cuestan.
- Rechazas de plano cualquier mensaje vergonzante –propio o ajeno–, pues entiendes que la neurodiversidad no es algo que deba tolerarse, sino algo de lo que el mundo se beneficia.

Las mujeres con TDAH valientes, brillantes y audaces viven conectadas entre sí y se apoyan y ayudan unas a otras porque hay algo que sabemos con certeza: que el TDAH no se puede vivir productiva y felizmente a solas.

Reflexión: Une las piezas

En este último ejercicio del libro, te invitamos a que incorpores e integres plenamente las nuevas piezas de tu historia –pasadas, presentes y futuras– y respondas a la eterna pregunta: «¿Cómo lo hago para crearme una vida satisfactoria?». Quizá te ayude repasar algunos de los capítulos anteriores. Dedica el tiempo que necesites.

Escribe un breve relato referente al «desenredo» que complete el siguiente enunciado: *Las dificultades derivadas de la configuración de mi cerebro están al margen de mi percepción esencial de quién soy:*

Escribe una declaración sobre ti como persona completa, que incluya tus puntos fuertes, tus dificultades, tus rasgos personales y tus valores.

Escribe tu declaración de misión.

Escribe tu declaración de visión (una idea general o concreta de dónde te gustaría estar de aquí a un tiempo).

____

____

____

____

Identifica todos los derechos que quieres reclamar y expandir.

____

____

____

____

Identifica algunas posibilidades nuevas con las que quieras experimentar.

____

____

____

____

Piensa de qué formas, o en qué situaciones, vas a probar a hablar con voz más fuerte.

____

____

____

____

Decide cómo supervisarás tu grado de autenticidad.

Piensa en qué tipos de ayuda necesitas para que tus dificultades derivadas del TDAH no sean un obstáculo.

Determina a quién necesitas añadir a tu equipo de tratamiento.

Establece qué necesitas hacer para modificar tu entorno.

Decide algunos pequeños pasos que te llevarán al borde de tu zona de confort y te permitirán seguir expandiéndote.

____
____
____
____

Identifica los límites que necesitas establecer (y con quién) para avanzar.

____
____
____
____

Recuerda esto

Queremos que este capítulo termine con un recordatorio muy especial. Esperamos que si te llevas contigo algo de lo que has leído en estas páginas, sean estas sencillas ideas «radicales» que repetimos a continuación. Tal vez quieras copiarlas o imprimirlas y colocarlas en un lugar donde puedas verlas cada día.

- En lugar de intentar arreglarte, puedes aprender a ser tú misma. Puedes cambiar de perspectiva para ver con más claridad y confiar cada vez más en quien eres, incluso con tu particular configuración cerebral, o precisamente por ser una mujer con TDAH. Y por encima de todo, recuerda...

- El TDAH no es una enfermedad que necesite cura, sino una singular forma de estar en el mundo, y por eso debe tratarse de un modo individualizado e integral para que el resultado sea una vida compleja pero plena.

Carta final

Seamos totalmente sinceras sobre lo que significa vivir con TDAH.

El TDAH duele de maneras que alguien que no viva dentro de él un día detrás de otro difícilmente puede entender, y que a quienes sí viven en él les resultan a menudo inexplicables. A veces hace que nos sintamos hundidas, y tenemos que aceptar que es así. La clave está en no quedarnos en ese estado de depresión sino aprender a resurgir de ese espacio de oscuridad y vergüenza.

Confiamos en que este libro te haya ayudado a darte cuenta de que no necesitas hacerte una guarida en la negatividad ni hacerle visitas demasiado largas. No hay razón para que te quedes atrás esperando a que el TDAH desaparezca, ni tampoco para que intentes ocultarlo. No hay necesidad de que te esfuerces hasta el agotamiento intentando pasar por neurotípica o compensar tus «deficiencias», ni de que sacrifiques tu dedicación a ti y a hacer las cosas que te gustan porque esta semana se han agudizado tus síntomas del TDAH. Y no hay necesidad de que intentes hacerlo todo sola.

Una vida satisfactoria es el resultado de avanzar hacia lo que de verdad te ilumina por dentro. Esto significa que no es necesario que «arregles» nada de ti para empezar a vivir, para sentirte bien contigo misma y para mostrarle al mundo quién eres. Tienes TDAH y lo tendrás siempre. Acéptalo –aunque a veces te cueste–, porque es la realidad de tu vida. No te define; es simplemente una descripción de cómo está configurado tu cerebro.

Pero lo mismo que debes reconocer y aceptar radicalmente lo que significa vivir con TDAH, también tienes la posibilidad de elegir una nueva perspectiva de las cosas y de reconocer y aceptar algunos hechos importantes que la acompañan, como:

- Las dificultades derivadas del TDAH seguirán manifestándose en tu vida, y también seguirán manifestándose tus aptitudes, tu carácter y tu determinación.
- Tu cerebro necesita más apoyo y cuidados preventivos que el de otras personas, y esto te da a su vez la oportunidad de invertir energía y atención en cuidarte a ti como cuidarías a otros.
- No eres neurotípica y nunca lo serás, porque el TDAH no tiene cura. Aun así, eres la única tú que hay y tienes algo único que aportar al mundo, sin importar lo grande o lo pequeño que tú lo consideres.
- Puede que necesites tratamiento psicoterapéutico u otro tipo de ayuda profesional, y esto te brinda una oportunidad sin igual para explorarte y, además, te da la posibilidad de acabar con cualquier prejuicio que tengas sobre los problemas de salud mental de otros individuos.
- Puede que necesites medicación, y eso no tiene nada que ver con quién eres como persona.
- Será inevitable que tengas que hacer frente a los prejuicios y el estigma, y esto es una puerta para redescubrirte, reinventar tu vida y ayudar a otras personas con TDAH a hacer lo mismo.

De entrada podría parecer injusto que te haya tocado en suerte el TDAH. Como solo tenemos una vida, tal vez te preocupe que se interponga en tu camino y te impida ser plenamente la mujer que, en el fondo, debajo de todo lo demás, sabes que eres. Es posible que vivas contra reloj, intentando con todas tus fuerzas ir más y más rápido, o que, por el contrario, acostumbres a replegarte sobre ti misma con la esperanza de que mañana sea el día en que todo cambie.

Sin embargo, como sabes, todo el mundo sufre, unas personas más que otras. Todo el mundo alcanza algunos de sus objetivos, unas personas más que otras. Dado que nadie sale vivo de la aventura de la vida –y este hecho es el gran igualador de todas las cosas–, también es cierto que ninguna vida es intrínsecamente más valiosa, o digna, o especial que otra.

Esto significa que tú, tal como eres, con todas tus dificultades, complejos, miedos, aptitudes, pasiones y peculiaridades, vales lo mismo como ser humano que todas esas personas neurotípicas con las que es probable que te compares; y significa que, como ellas, estás hecha para buscar la satisfacción y la alegría en tu vida, independientemente de la desorganización, los olvidos, los retrasos y las tormentas emocionales.

Albergas magníficas aptitudes que te han traído hasta aquí, y lo más probable es que tengas todavía mucho que ofrecer. Tal vez tienes una forma singular de percibir el mundo que te ayuda a detectar conexiones casi imperceptibles. Tal vez posees la capacidad de comprender auténticamente el dolor que sienten otras personas por sus diferencias y dificultades, y hay en ti una persistente ambición por descubrir el sentido profundo de las cosas en medio de la adversidad. Tal vez tu forma de estar en el mundo hará que tu familia y los grupos con los que te relacionas entiendan lo que es la verdadera aceptación, y que tu espontáneo despliegue de extravagancia avive el ambiente y anime a los demás a permitirse también ser ellos mismos.

No es justo ni para ti misma ni para los demás que te reprimas cuando tienes tanto que aportar al mundo como mujer que piensa de un modo diferente.

Tienes una perspectiva fuera de lo común; ¡compártela!

Tienes necesidad de cuidados de salud mental; ¡defiéndela!

Tienes una forma de pensar original; ¡aliéntala en los demás!

Tienes una forma intensa de vivir; mantén el fuego encendido y difunde esa luz.

Dado que el TDAH exige que hagas ajustes a tu forma de vida, puede ser un camino de transformación si, con suavidad pero con persistencia, expandes poco a poco los límites de tu zona de confort. No tienes por qué seguir obedeciendo al dolor que te ha enredado en falsedades y te ha inmovilizado en una vida limitada. Cada momento es una oportunidad para ser un poco más tú misma, para vivir con un poco más de audacia, para brillar un poco más.

Como no hay mejor momento que el presente, empieza justo donde estás y como estás. Esta es la única versión que existe de ti, así que deja de esperar y sumérgete de lleno en tu imperfecta, completa y maravillosa vida con TDAH. Atrévete a sentirte orgullosa de ella.

Con gratitud por las lecciones y la inspiración que las mujeres con TDAH nos dan a diario, las autoras os dejamos con esta cita de Rainer Maria Rilke (1934, 27):

> Sé paciente con todo aquello que esté sin responder en tu corazón y aprende a amar las preguntas como si, por el momento, fueran habitaciones cerradas o libros escritos en una lengua extranjera. Es inútil que busques ahora respuestas que no te pueden ser dadas, ya que no podrías vivirlas. Y en cada momento hay que

vivirlo todo. Vive ahora las preguntas, y tal vez entonces, poco a poco, un día lejano llegues sin darte cuenta a la respuesta.

Con nuestros mejores deseos,
Sari y Michelle

P. D.: Nos encantaría recibir noticias tuyas. Puedes enviarnos un correo electrónico a través de nuestro sitio web www.soldenfrank.com.

Agradecimientos

Queremos dar las gracias a nuestras editoras de New Harbinger, Elizabeth Hollis Hansen, Jennifer Holder y Marisa Solís, por su magnífica orientación en cada paso de este proyecto, de principio a fin. Gracias igualmente a Denise Brogdon, por la tranquilidad que nos ha dado en todo momento saber que podíamos contar con ella para encontrar solución a los detalles que más nos costaba resolver a dos mujeres con TDAH. Gracias a Jeanne Bellew, nuestra editora de confianza, por ayudarnos a dar forma a esta propuesta y a plantar las semillas de las que ha nacido este libro.

Muchas gracias a Ellen Littman por su amistad, así como por sus valiosas aportaciones al mundo de las mujeres con TDAH y por prestarle a este libro una voz tan importante. Estaremos eternamente agradecidas a la asociación ADDA, de asistencia a las personas con TDAH, y especialmente a Duane Gordon, David Giwerc y Evelyn Polk-Green por su amistad, por su asesoramiento continuo y por habernos ayudado a dar forma a nuestras carreras profesionales. Agradecemos la amabilidad y el apoyo constantes de nuestras colegas Geraldine Markel y Wilma Fellman y de todo nuestro equipo de Better Together, muy especialmente Regina Carey, Susan Hunsberger y Jen DiGregorio. También queremos dar las gracias a nuestro fisioterapeuta, Brad Skinner (¡sí, las dos tuvimos necesidad de acudir a su consulta cuando se acercaba la fecha de entrega!).

Sari

Quiero dar las gracias especialmente a mi marido, Dean, por su apoyo constante e inquebrantable en este proyecto y a lo largo de los años. Gracias a mi hija Daria y a mi hijo Evan, a Lucille Solden y a Erica, que me animaron en los momentos difíciles. Siento una enorme gratitud hacia todas las personas que me apoyaron profesionalmente en los comienzos y que han seguido haciéndolo a lo largo de los años. Entre ellas, muy especialmente, hacia Thomas Brown, Arthur Robin, Ned Hallowell, John Ratey, Edna Copeland y Steve Copps, Thom Hartmann, Peggy Ramundo y la difunta Kate Kelly.

Y quiero darle las gracias a Michelle Frank, que misteriosamente apareció en el momento oportuno y ha enriquecido mi mundo, mi trabajo y mi vida.

Michelle

Ante todo, quiero darles las gracias a mi madre, Mona, a mi padre, Walt, y a mi hermano, Matthew: no tengo palabras para expresaros mi gratitud. Vuestra fe en mí me ha dado fuerzas y confianza en cada paso del camino. Gracias a Phillip, un inesperado regalo de la vida que me hace seguir creyendo en lo inimaginable. Tu apoyo y tu firmeza hacen que no pierda el rumbo. Gracias a la familia Solden, que me cambió la vida tan profundamente que no sabría ponerlo en palabras. La junta directiva de la ADDA, pasada y presente, ha sido y es para mí ejemplo y constante fuente de inspiración, sin pedir nada a cambio. Agradezco el arduo trabajo y la valentía de cada profesional del campo de la medicina y la investigación que se atrevió a hablar y escribir sobre las experiencias de las mujeres con TDAH mucho antes de que fuera un tema de moda; me siento igualmente agradecida a quienes continúan abriendo nuevas vías de estudio. Gracias a la familia Brabbs, que se encargó de que no faltaran las risas y los aperitivos. Por último, siento una inmensa gratitud por mis perros Penny y Snitch, ¡inigualables compañeros de escritura!

Referencias

Armstrong, Thomas. *El poder de la neurodiversidad*. Trad. Francisco Rodríguez Esteban. Barcelona: Paidós, 2012.

Brach, Tara. *Aceptación radical: abrazando tu vida con el corazón de un buda*. Trad. Alejandro Pareja Rodríguez. Madrid: Gaia, 2014.

Brown, Thomas E. *Trastorno por déficit de atención: una mente desenfocada en niños y adultos*. Trad. Gama, S.L. Barcelona: Masson, 2006.

____ *A New Understanding of ADHD in Children and Adults*. Nueva York: Routledge, 2013.

Carey, Regina. *Make a Splash! It's Time to Take Action on Your Life*. Ebookit.com, 2016.

Combs, Martha, Will Canu, Joshua Broman-Fulks, Courtney Rocheleau y David Nieman. 2015. Perceived Stress and ADHD Symptoms in Adults. *Journal of Attention Disorders 19*(5): 425-434.

Cuddy, Amy. 2015. *Presencia: autoestima, seguridad, poder personal: utiliza el lenguaje del cuerpo para afrontar las situaciones más difíciles*. Trad. Núria Martí Pérez. Madrid: Urano, 2021.

Eichenbaum, Luise y Susie Orbach. *¿Amigas? Cómo encarar los sentimientos de amor, envidia y rivalidad en las relaciones entre mujeres*. Buenos Aires: Sudamérica, 1987.

Gilligan, Carol. *In a Different Voice: Psychological Theory and Women's Development*. Cambridge, Massachusetts: Harvard University Press, 1993.

Giwerc, David. *Permission to Proceed*. Springville, Utah: Vervante, 2011.

Goleman, Daniel. El rendimiento óptimo: consecuencias del estrés en el rendimiento. *El cerebro y la inteligencia emocional*. Trad. Carlos Mayor. Barcelona: Ediciones B, 2011.

Gottman, John, y Nan Silver. *Siete reglas de oro para vivir en pareja: un estudio exhaustivo sobre las relaciones y la convivencia*. Trad. Sonia Tapia. Barcelona: Debolsillo, 2010.

Hallowell, Edward y John Ratey. *Driven to Distraction: Recognizing and Coping with Attention Deficit Disorder from Childhood Through Adulthood*. Nueva York: Pantheon Books. 1994.

Hallowell, Edward y William Dodson. 2018. From Shame and Stigma to Pride and Truth: It's Time to Celebrate ADHD Differences. Seminarios web de expertos en el TDAH, *ADDitude Magazine*. https://www.additudemag.com/webinar/adhd-stigma-accept-yourself.

Hayes, Steven, Kirk Strosahl y Kelly Wilson. *Terapia de aceptacion y compromiso: proceso y práctica del cambio consciente (Mindfulness)*. Trad. Ramiro Álvarez. Bilbao: Desclée De Brouwer, 2014.

Hinshaw, Stephen. 2018. Girls and Women with ADHD: Unique Risks, Crippling Stigma. ADHD Expert Webinars, *ADDitude Magazine*. https://www.additudemag.com/webinar/adhd-in-girls-women-risks-stigma/

Katherine, Anne. *Límites: donde tú terminas, yo empiezo*. Trad. Ana Pérez Galván. Barcelona: Obelisco, 2005.

Kübler-Ross, Elisabeth. *Sobre la muerte y el morir*. Trad. Rocío Valero Lucas. Barcelona: Luciérnaga, 2024.

Lerner, Harriet. *La mujer y la intimidad*: *cómo dar los pasos necesarios para resolver los problemas que surgen en las relaciones que nos importan*. Trad. Marla I. Guastavino. Madrid: Urano, 1991.

Littman, Ellen. 2018. No More Suffering in Silence. *ADDitude*, primavera, 52-55.

Lorde, Audre. Ponencia en la Conferencia anual sobre lesbianismo y literatura. *Modern Language Association*. Chicago, Illinois, 28 de diciembre, 1977.

Markel, Geraldine. *Actions Against Distractions: Managing Your Scattered, Disorganized, and Forgetful Mind*. Ann Arbor, Míchigan: Managing Your Mind, LLC, 2012.

Matlen, Terry. *La reina de la distracción*. Trad. José Maximiliano Jiménez Romero. México: Ediciones B, 2015.

Mitchell, John, Jessica Benson, Laura Knouse, Nathan Kimbrel y Arthur Anastopoulos. 2013. Are Negative Automatic Thoughts Associated with ADHD in Adulthood?, *Cognitive Therapy and Research 37*(4): 851-859.

Mohr, Tara. *Playing Big: Practical Wisdom for Women Who Want to Speak Up, Create and Lead*. Nueva York: Avery, 2014.

Ochoa, James. *Focused Forward: Navigating the Storms of Adult ADHD*. Austin, Texas: Empowering Minds Press, 2016.

Ramsay, J. R. 2017. The Relevance of Cognitive Distortions in the Psychosocial Treatment of Adult ADHD. *Professional Psychology: Research and Practice 48*(1): 62-69.

Redmoon, Ambrose. No Peaceful Warriors! *Gnosis*, otoño 1991.

Rilke, Rainer Maria. *Cartas a un joven poeta*. Numerosas ediciones. [Cita traducida por la traductora de este libro].

Rogers, Carl. *El proceso de convertirse en persona*. Trad. Liliana R. Wainberg. Barcelona: Paidós, 2023.

Rucklidge, Julia, Deborah Brown, Susan Crawford y Bonnie Kaplan. 2000. Attributional Styles and Psychosocial Functioning of Adults with ADHD: Practice Issues and Gender Differences. *Journal of Clinical Psychology* 56: 711-722b.

Ryon, Holly y Marci Gleason. 2014. The Role of Locus of Control in Daily Life, *Personality and Social Psychology Bulletin 40*(1): 121-131.

Shaw, Phillip, Argyris Stringaris, Joel Nigg y Ellen Leibenluft. 2014. Emotion Dysregulation in Attention Deficit Hyperactivity Disorder, *American Journal of Psychiatry 171*: 276-293.

Solden, Sari. *Journeys Through ADDulthood*. Nueva York: Walkerbooks, 2002.

____ *Mujeres con trastornos por déficit de atención: cómo aceptar sus diferencias y transformar su vida*. Ann Arbor, Míchigan: Instrospect Press, 2013.

Steinem, Gloria. «Living the Revolution». Charla del 31 de mayo de 1970. [N. de la T.: también de la autora, en castellano, *La revolución desde dentro: un libro sobre la autoestima*. Trad. Mireia Bofill. Barcelona, Anagrama, 1995].

Strayed, Cheryl. *Pequeñas cosas bellas: consejos sobre la vida y el amor de alguien que ya lo ha vivido*. Trad. Isabel Ferrer y Carlos Milla. Barcelona: Roca Editorial, 2015.

Ulrich, Laurel Thatcher. 1976. Vertuous Women Found: New England Ministerial Literature, 1668-1735. *American Quarterly*, primavera *28*(1): 20.

Vanzant, Iyanla. *Perdón: 21 Días para perdonar a todos por todo*. Ciudad de México: Tomo, 2014.

Walsch, Neale Donald. Charla. 8 de junio de 2012.

White, Alasdair. *From Comfort Zone to Performance Management: Understanding Development and Performance.* Hoeilaart, Bélgica: White & MacLean Publishing, 2009.

White, Michael y David Epston. *Medios narrativos para fines terapéuticos*. Trad. Ofelia Castillo. Barcelona: Paidós, 1993.

Williamson, Marianne. *Volver al amor: reflexiones basadas en los principios de* Un curso de milagros. Trad. Equipo editorial. Barcelona: Urano, 1993.

Sobre las autoras

La psicoterapeuta **Sari Solden** lleva treinta años asesorando a personas adultas con trastorno por déficit de atención con hiperactividad (TDAH). Es autora de los libros, pioneros en el tema, *Mujeres con trastornos por déficit de atención: cómo aceptar sus diferencias y transformar su vida* y *Journeys Through ADDulthood* [Los individuos con TDAH y su viaje a través de la edad adulta], además de destacada conferenciante nacional e internacional. Es miembro del consejo asesor profesional de la Attention Deficit Disorder Association (ADDA), la principal asociación estadounidense de asistencia a personas con TDAH, que le otorgó el premio al servicio profesional sobresaliente. Sus áreas de especialización son los problemas de la mujer, la modalidad inatenta del TDAH, y las consecuencias emocionales de haber llegado a la edad adulta sin un diagnóstico de TDAH y cómo sanarlas.

Michelle Frank es una prestigiosa psicóloga clínica especializada en el diagnóstico, tratamiento, educación y capacitación de personas con TDAH. Utiliza la terapia cognitivo-conductual (TCC), prácticas basadas en la atención plena y enfoques psicoeducativos basados en las investigaciones más recientes para ayudar a quienes tienen TDAH a llevar una vida productiva y satisfactoria. Frank es miembro de la junta de la ADDA, la única organización sin ánimo de lucro dedicada exclusivamente a ayudar a personas adultas con TDAH, y conferenciante sobre temas relacionados con el TDAH, la neurodiversidad y el empoderamiento de la mujer.

La autora del prólogo, **Ellen Littman**, es psicóloga clínica y se dedica desde hace treinta años al estudio y tratamiento de los problemas por déficit de atención. En su consulta privada, al norte de la ciudad de Nueva York, enfoca su trabajo en la población adulta y adolescente con alto coeficiente intelectual, a fin de identificar presentaciones complejas del TDAH que suelen pasarse por alto. Es coautora de *Understanding Girls with ADHD* [Entender a las chicas con TDAH].